話し方のコツ

SOGO HOREI PUBLISHING CO., LTD

はじめに　話す自信が湧いてくる伝え方の技術

あなたは、ビジネス会話のシーンで、このように感じたことありますか？

「何から報告すればいいのかまとまらない」
「自分でも何を言っているのか分からなくなった」
「話している途中で、上司に止められてしまった」

親しい同僚や後輩との雑談は問題なくできるのに、上司や先輩、社内外の関係者に思っていることを伝えようとすると、なぜか会話はぎこちなくなってしまうものです。

本書では、**「こんなとき、どう言えばいいんだ。どう動けばいいんだ」と悩むことがなくなる**、「話し方」や「行動」のちょっとしたコツをお話しいたします。

コミュニケーションのコツには方法論だけではなく、「考え方」や「心構え」

のようなものも含まれます。

「発言の内容やタイミング」と「行動」を少し変えるだけでも、現在の状況を良くしていくことは、十分に可能です。

私はこれを「**マインド・イノベーション**」と呼んでいます。つまり、「意識革新」です。気の持ちようを変えるだけで、世界は変わるのです。

読み進めていただくうちに、「そうか、こんなやり方があるんだ」と、頭と心の筋肉を少しずつ鍛えていくことができるでしょう。

上手な話し方のポイントは、コミュニケーションのコツを、いかに的確なタイミングで実行できるかにあるのです。

それをマスターすれば、

- **上司と話をするときに、焦らなくなる**
- **頭の中で思っていることを、明確に伝えられる**
- **他人の問いかけに対して的確に発言し、迅速な行動ができる**

・相手が誰でも、堂々と意見を言える
・周囲をその気にさせ、着実に人を動かしていける
こんなあなたに、きっとなれます。

実際に、私がコミュニケーション研修をする企業の社員からも、このような成長を実感できた、という感想をいただくことが多いのです。

特別な才能、能力など必要ありません。

コミュニケーションが苦手、という方なら誰でも大歓迎です。

なぜなら、苦手な方ほど、変化の大きさが顕著に表われ、自分自身で実感できるからです。実感できると、それは「自信」となっていきます。

ご紹介するコミュニケーション法には、ひょっとするとすでに知っていたこともあるかもしれません。そのときは、再確認できたと力を得てください。

今までより、1歩前に踏み出せるあなたになるためのトライをここからはじめましょう！

第2章 上司にあなたの意見を聞いてもらおう

第3章　即活用可能！　評価をアップさせるパワーワード集

味方をつくり出すパワーワード集　125

課題を共有するためのパワーワード集　144

第4章　あなたの評価を上げるシンプルな法則

カバーデザイン：田中正人（MORNING GARDEN INC.）
本文図表：土屋和泉（SHD）

第１章

評価を上げて、
意見を聞いてもらえる人材になる

意見が伝わると、どんな良いことがあるのか

人間、努力した先にいいことがあると分かっていれば、どんなにしんどいことも頑張れるものです。分かっているようで、分かっていない。この本のスタートは、そんなところから確認していきましょう。

分かってもらえるって心地いい！

「上司が、あなたの意見を聞いてくれると……」どんなことが起こるでしょうか。

・あなたのことを理解してくれる

・**あなたに指導、アドバイスをしてくれる**
・**あなたの味方になってくれる**
・**あなたに知恵を授けてくれる**

挙げだすと、いろいろと出て来ます。他にもいっぱいありそうです。

あなた（＝自分）のことばかりでなく、相手である上司の方にも目を向けましょう。自分の意見を聞いてもらうということは、それと同時に、上司の話を聞くことにもなるのです。

上司にあなたのことを理解してもらえるとともに、あなたも上司のことを理解できるようになる、ということなのです。そして、

上司はあなたのことをよく理解してくれている。
あなたも上司のことをよく理解している。

と、こうなることができます。こうなると、お互いの立場、考え方を分かり合えている二人ですから、意見の食い違いがあろうとも、最終的には、まとまることは可能になるのです。

そして、意見を聞いてもらえると良いこと。それは、何より気持ちいい！　ということです。理屈抜きに、心地良いのです。

自分の話をしっかりと聞いてもらえるというのは、自分を認めてもらっているのと同じです。それが気持ちいいのです。

あなたの直属の上司は、主任ですか、係長ですか、課長、それとも部長？

ある日、突然社長に呼ばれて、「○○君、少し現場のことを教えてくれないか」と聞かれます。びっくりしながらも説明をしたら、「いやぁ、よく分かったよ。ありがとう」と、直々に感謝の言葉をもらえたら、もう最高じゃないですか。

しかもこの嬉しさには、さらなるおまけがついてきます。

直属の上司から「上も君を頼りにして、よく意見を聞いているようだね。私も頼もしいよ」と好意的に言われたら、もうビジネスライフで最高の幸せな一日と言ってもいいような感激ですね。自分が認められていることこの上なしです。これをぜひ、あなたに味わって欲しいのです。

職場に欲しい一輪のカンファタボー

上司に意見を聞いてもらえたら仕事がスムーズに進むし、大きな仕事もできます。社内外のいろいろ人に動いてもらえるなど、さまざまな効用があります。どれも魅力的な要素です。

人間、やっぱり、意見を聞いてもらって、嬉しくない人はいません。やっぱり、嬉しいものです。心地良いのです。

英語で言うところの、『**カンファタボー**（comfortable ＝心地良い）』です。無理に横文字で言うこともないのでしょうが、私はこれで表すほうがしっくりきますので、そうさせてくださいね。

わーい！
ありがとう、君がいてくれて助かったよ！
カンファタボー
ありがとうございます。
自分
上司

一日一回、どんな些細なことでもカンファタボーがあると、仕事というものは楽しくなってきます。

仕事をしていると、朝から晩までトラブル続きになってしまう、散々な日もあるかと思います。そんな日でも、「まぁ、みんないろいろ言うけれど、君の意見はいいところを指摘していたと思うよ」と上司が言ってくれるだけで、「よし、明日も頑張るぞ！」となるものです。言葉の栄養剤って良く効くのです。

たとえ言葉を投げかけてくれなくても、普段は受け取らないあなたからの資料を、上司が受け取ってくれただけでも（その行動だけでも）、それは立派なカンファタボーとなり得ます。

イノベーション・トレーニング――①

毎日職場で一つ、どんな小さなことでもいいから、『カンファタボー』を見つけよう。探せば何かきっとあるはずだ。

上司が思わず身を乗り出して聞く話とは？

人は自分の興味のある話を聞きたい――。

「そりゃ、そうだろう」という声が聞こえてきそうですが、再確認のためあえて当たり前のことを記しました。

人間は「自分の興味のあることは知りたい」と感じる動物です。あなたの話の中にも、上司に興味を抱かせるようなエッセンスは必ずあります。

上司に意見を聞いてもらいたければ、話の流れを彼らの興味にそって展開させていけばいいのです。

では、上司の興味をそそる話とはいったい、どういったものになるのでしょうか？

上司が常に関心を持っていること

上司は会社に仕事をしに来ています。いつも何がしかの締め切りに追われています。そんな状況ですから、上司は、自分が抱える課題の解決に役に立つ話であれば、ぜひとも聞きたいと思っているのです。

実は、そんな上司の課題解決に役立つ話を、あなたはすでに持っています。思わず、「えっ？」と思われたかもしれませんね。安心ください。日本全国のみならず、会社組織で働く「社員」と呼ばれる人であれば、すべての方がこの話のネタを持っています。

そのとっておきのネタとは、**あなたが直接、その目で見て、その耳で聞いて、その鼻で嗅いで、その肌で感じ取った、現場の生情報**です。

現場の生情報こそが、上司が仕事をする上での最高の材料となるのです。「生」というのがポイントです。

食べ物でしたら、お惣菜やお菓子といった加工食品も消費者に喜ばれます。そのまま使えて便利です。

しかし、ネタ（情報）はそのまま使うのではなく、もらった上司がそれをもとに経営判断をしていくための材料として利用します。すでに加工されたものからは判断がつかないのです。「取れたて生の情報」のみが、判断材料として使えます。

上司の大きな仕事は「判断」です。正しく判断ができるように、上司にはできるだけ、「生」の情報を伝えてあげましょう。

新鮮な生情報が最高の材料

会社組織は、一般社員から監督者、管理者になっていくにつれて、現場からは離れざるを得ない構造になっています。だんだんと現場からの距離は遠くなるのです。あなたの上司は、少なくともあなたほど現場に直接触れることはできないはずです。ところが、上司は「自分は現場を分かっている」と信じて、自分の

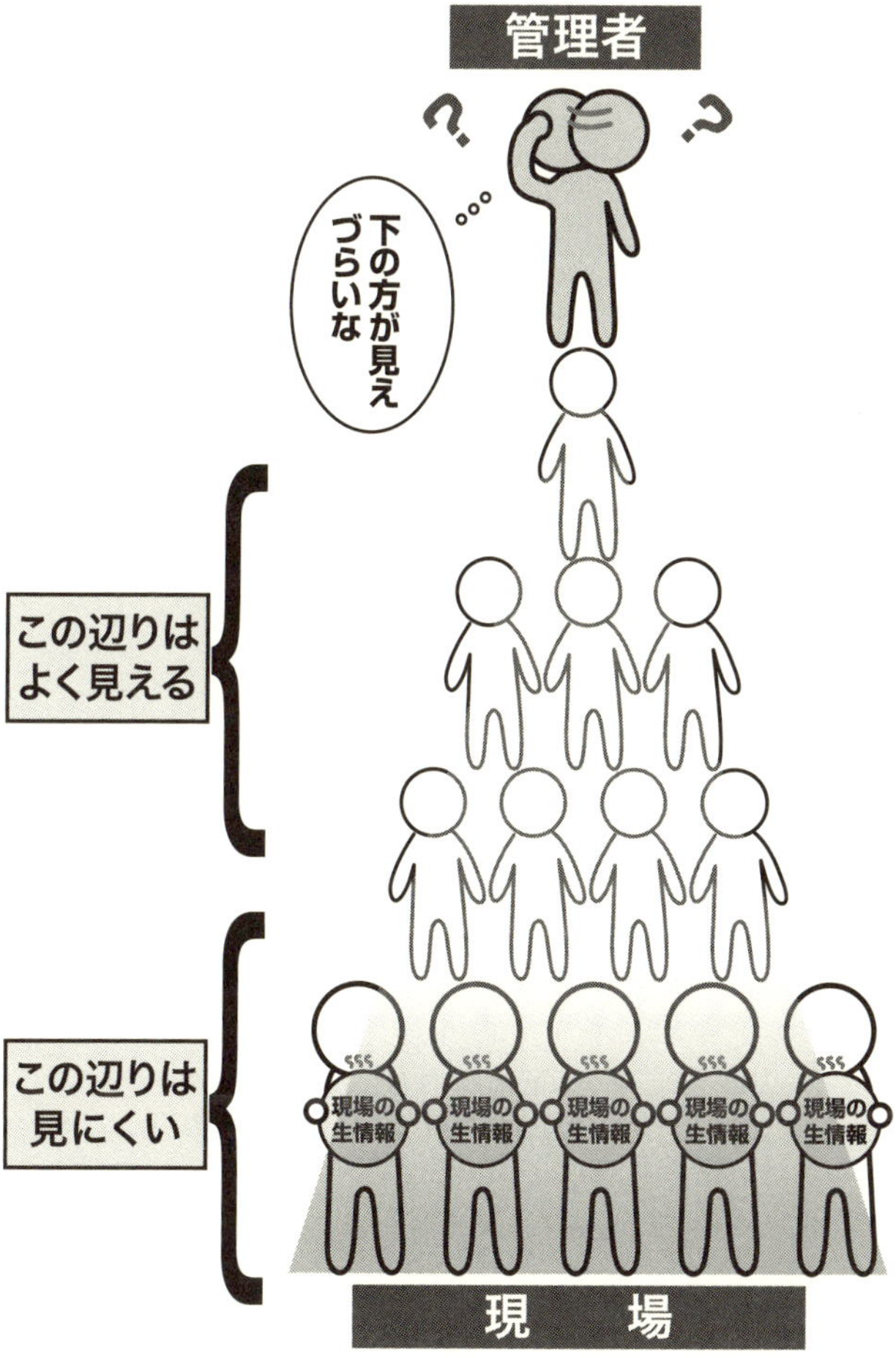
管理者
下の方が見えづらいな
この辺りはよく見える
この辺りは見にくい
現場の生情報
現場の生情報
現場の生情報
現場の生情報
現場の生情報
現　場

チームの運営をしていかないといけません。

しかし実際は組織の構造上、現場の詳しい情報は、あなたをはじめとする部下から入れてもらうしかありません。

そのため、本当に正しい情報が、遅れることなくリアルタイムに、自分のところに入って来ているのか、上司は常に不安を抱いているのです。

正しいビジョンは、正しい情報からしか生まれません。上司は、チームリーダーとして打ち立てたビジョンが、正しい情報から生まれたものであると安心したいとも感じているのです。

常に現場を見ることのできるあなたは、「正しい情報の実」がなっている農園主のようなものなのです。極上の材料はあなたの身近に、あなたの足元にゴロゴロと、転がっているのです。

現場で起こったことを、事実を曲げずに正確に報告するだけでも、上司はあなたの話に耳を傾けます。真実に勝るものはないのです。

「昨日現場でちょっと気になることが起きたのですが、報告させてください」

上司にこう話しかけてみてください。

それを聞いた上司の頭の中では、「臨時ニュースです！」あるいは「重大ニュース発生！」なんて響いているはずです。ふと見ると、あなたの話に上司は身を乗り出しているはずです。

イノベーション・トレーニング――②

今日から正確で迅速な、現場のリポーターになってみよう。

口ベタだって仕事はうまくいく

「口ベタの人は、仕事がうまくいかない」と思い込んでいる人がいます。

私はここで、「ちょっと待ってください！」と、異を唱えたいと思います。

そんなこと、一体、誰が決めましたか？　実はこれ、案外自分で決めてしまっていることが多いものです。そんな「迷信」は忘れてください。

会話のポイントに気をつければ、仕事は必ずうまく運べるようになります。ここでは、会話のどこにポイントを置けばいいのかをご説明します。

「有効会話率」を上げる

「有効会話率」という考え方を紹介します。これは仕事を進める上で、**交わした会話の中にどれだけ有効な部分があったかの割合を示すもの**です。

しかし、数値で測れるものではないので、気軽な気持ちで意識してみてください。

会話の有効率を上げるためには、相手の聞きたい内容を、会話の中に入れることを意識するといいでしょう。

では、相手の聞きたいこととは、どういったことを指すのでしょうか。

ビジネスの場での会話は、何より結果が大事です。

ここで言う「結果」とは、この会話を交わすことで、「こうなって欲しい」とあなたが望む状態を作り出せたかどうかを言います。つまり、その会話であなたの仕事が進んだかということなのです。

会話をはじめる前に、自分にとってベストな状態になるとはどういうことであるかを考えます。

たとえば、報告ひとつするにしても、「報告後、上司からこういう指示をもらいたい」という明確な目的を持って報告するようにします。するとそれだけで、自ずと話の展開を上手にもっていけるようになるのです。

口ベタな人によく見られる会話の特徴は、生真面目であるがゆえに、相手の反応を気にしすぎてしまうということです。自分よりも相手が喜ぶ結果につながるように話を展開させて、頑張ってしまうのです。

しかし実は、**聞き手として最も気になるところは、あなた自身がどうしたいと思っているのか**、というところなのです。

よく喋る人の会話で、一見内容豊富かのようでも、相手の一番聞きたいこのポイントが入っていない会話は有効的とは言えません。

口ベタで、滑らかでない会話ながらも有効会話率が高い。そのほうが上司も意見をよく聞いてくれます。

あなたのベストな結果が、相手にどれだけ届いているか、ここがポイントです。話の途中で、「ああ、このように仕事を進めていきたいのだな」と相手が理解できるような有効な会話を意識してみましょう。そうすれば、相手も安心してその仕事を任せてくれるでしょう。

まず相手の話をよく聞く

相手の話をよく聞くこと。当たり前のことなのですが、「会話」はメッセージの送り手と受け手のキャッチボールと言われます。

実際のビジネスシーンでは、自分の報告や意見を伝えようとする気持ちが先行してしまい、このことを忘れがちです。

キャッチボールができれば、口ベタでもチャンスはあります。相手の話をろくに聞かずに、自分の話ばかりを一方的にしないように気をつけましょう。

「あなたの話はたどたどしいけれど、こちらの意見を聞いてくれるから話しやすい」

口ベタでも、上司からこのように一目置いて認められる人は、ビジネス社会の中では、探せばたくさんいます。口ベタだからといって、あきらめる必要はひとつもありません。

「口ベタ」とマイナスのイメージで駄目だと決め込む必要はひとつもありません。ちょっぴり、相手に話を通じさせるのが苦手な人ぐらいの認識で十分です。自分を口ベタと、ネガティブに過小評価をする必要はまったくないのです。

イノベーション・トレーニング――③
会話から生じるであろうベストな結果をイメージする。相手の話はしっかりとキャッチすること。

仕事の勘がいい人になる

意見を上司に聞いてもらえるという人材は、自分の身分をわきまえている人材であるとも言えます。わきまえていない人は礼儀知らず、無礼者と認知されてしまいます。

たとえ言っていることが正論中の正論でも、「失礼な言い方をする人だ」「ものの言い方をわきまえない人だ」、上司がこう感じられたら、もうその話はうまくいきません。

そんな人だと思われないための組織人の基礎知識があるのです。

ここはシンプルに考えてみてください。組織人としての礼儀をよくわきまえていると認められたら、聞いてくれやすくなるのです。話の内容が正論であれば、なおさらです。

ここで説明する組織人の基礎知識は、話を聞いてもらいやすくなるための知恵でもあります。

組織でのポジションを意識してみる

人間関係を形作るのには、縦と横の関係がありますが、特に会社組織の中では縦の関係は厳格です。

組織の中で、誰が何番目の地位なのかは、組織の秩序の中では誰もが理解していなければならない事柄です。

そこで仕事上のポジション（別名：立ち位置、場所）を意識してみましょう。

組織の中には否応もなく、上下の関係があります。

自分より上の人へ話をしに行くときは、上位場所への敬いの心を大切にしてください。

正論であれば、どんなことでも通るとは限らないのが会社生活の難しいところです。正論を言うなとは申しません。意見の主張には、上司との人間関係を損なうことのない配慮が必要と理解してください。

減点超過になったら即終了する自動車免許の試験のように考えてみると分かりやすいでしょう。

上司から「この人は失礼な人だ」とこう判断された瞬間に、即不合格となる可能性があるということです。免許試験走行のコースで道路から脱輪するようなものですね。

「上司との人間関係を損なうことのない配慮」と言っても、難しく考えないでくださいね。上司と部下、お互いが気持ち良く仕事をするための気遣いみたいなものです。

あなたは職場で、「○○させていただいて、よろしいですか？」と聞けば良いだけの話です。実にシンプルです。これを忘れず実践できるだけで、あなたはポジションを分かっている人となります。

上司と違った意見を言いたいのなら「ちょっと違うことを考えているのですが、お話ししてよろしいでしょうか？」と聞けば良いのです。

指示命令されたことを変更して欲しいのなら「やり方についてご相談があるのですが」と、これも聞けば良いのです。

行動の是非について聞かれている間は、上司はあなたの上位ポジション者です。聞かれずに勝手に行動され出したときから、上司の上位が崩れるのです。

くれぐれも上司から言われたことを勝手に変えないことです。勝手に変えると変えたあなたが、上司より上になってしまいます。あなたにそういう気がなかろうとも、それが、組織での見られ方です。

上司を「発注主」であると考えてみる

ここでは、別の切り口からのとらえ方を伝授します。

上司を、「あなたが経営する商店」に仕事を発注してくる、「発注主」と考えてみてください。

これは、自分が商売をしている感覚を持つとすぐに分かるのですが、発注主は納品された製品に納得したときのみ、報酬を支払ってくれます。

納品した側がいくら「良い製品を作ったつもりだ」と言い張っても、発注主が「そんなものを頼んだ覚えはない」「自分が欲しいのはそれじゃない」と言ったら、納品したものは返品されてしまいます。これだと支払いもなくなってしまいます。

仕事を受注した者から見たら、発注主は上位のポジション者です。「あの人はこの商品の良さが分からない馬鹿者だ」とこう思った瞬間、ポジションが分からぬ人になっているのです。

「時代は私に追いついていない」と息巻いても、悲しいかな、その商店への発注はなくなり、近いうちに経営は頓挫することでしょう。

あなたの直属の上司を課長としましょう。あなたへの発注主（課長）には、さらにその上の発注主（部長）がいます。そして、さらにその上にも発注主（本部長や社長）が大勢います。考えてみれば、会社組織は、発注主の多層構造とも言えるのです。

そしてそれぞれの発注主が、発注先となった部下の仕事内容を評価するわけです。まずは、この構造を理解しておけば良いのです。

商人は発注主のＯＫがもらえないと、お金がもらえないことになることを痛みとともに知っています。ですから、発注内容の仕事を進めることについては、発注主の承認をもらうことを決して忘れません。

サラリーマンも商人と同じです。あなたは発注主たる上司の承認をもらってから、仕事にかからねばならないということです。

発注
あれ、頼むよ。
できました！
仕事
自分
上司
納品

「承認あれば、大トラブルなし」とも覚えておいてください。上司が承認をした瞬間から、責任はあなただけから、上司にも付与されるのです。

「承認」は、あなたと上司が一蓮托生になるという儀式でもあるのです。あなたは遠慮せずに、どんどん上司に同じ船に乗ってもらえば良いのです。

イノベーション・トレーニング――④

言われたことと違う意見を言いたいとき、違うことをやりたいとき「分かった。いいよ」との発注主である上司の承認の声を必ず聞くこと。

忙しい上司でもこうすれば聞いてくれる

上司は忙しいからと、話すタイミングをなかなか見つけられなかったらあなたの仕事は進みません。そんな状況の中でも、なんとか上司の時間をゲットしたいものです。すぐにできる方法がありますので、紹介します。どうぞ活用してください。

上司が飛びつく話の黄金法則

今、上司に聞いてもらいたいことがある。でも上司はえらく忙しそうでバタバタしている。こんな場合、つい遠慮してしまってなかなか話ができませんよね。

こういったパターンに陥ることが職場の日常では往々にしてあります。

自分の胸に気になることが溜まったままですから、これは、精神衛生上もなかなかよろしくありません。

そんなあなたに勇気を与える黄金法則があります。

それは、上司はどんなに忙しいときでも、「重大かつ緊急なニュース」には必ず飛びつくという法則です。

話の進め方はシンプルに、次の2つのことを意識してください。

①「緊急です」と明確にシグナルを発して、上司の意識を引きつけること

②相手に関係することを、簡潔に力強く伝えること

まずは、画面を止める。「係長、ちょっとよろしいですか?」

静かに、しっかりとこう語りかければ、上司は必ず反応してくれます。

次が肝心です。「重大かつ緊急なことと思われましたので、お話ししたいことがあるのですが、今、よろしいでしょうか」このようにスキッと言い切ることで

係長！
緊急ニュースです。
緊急速報
ガタッ
何⁉何⁉
その格好も何⁉
上司
自分

す。

ニュースキャスターの口調が効果的です。躊躇してはいけません。

球はあなたの手を離れて上司の胸に投げ込まれます。

「重大かつ緊急」かどうかは、あなたがそう思ったのであれば、それでいいのです。そこから先は上司の目で見て、本当に「重大かつ緊急」なのかを判断します。

あなたは見聞きした現場の生情報を正確に伝えるだけでいいのです。

あとは、それを言うかどうかの勇気だけです。石を投げて、水しぶきが上がれば上がるほど（それだけ重大かつ緊急ということ）大騒ぎにはなるかもしれませんが、それは価値ある大騒ぎです。「よく言ってくれた」上司は後日必ずあなたに感謝してくれます。

イノベーション・トレーニング――⑤
「緊急です」「重大です」「重要です」「要注意です」あなたの話のシグナルの色をハッキリ表現しよう。

あなたの反応が上司の反応を呼び起こす

相手の反応には、あなたの反応から発している部分が多分にあります。この理屈を活用できるだけでも、もたらす結果をかなり変えることができます。そんな小知恵をここでお話しします。

にこやかに聞かれて悪い気はしない

あなたが誰かに話をするとき、相手の人の表情を見ますよね。人は自分の話が相手にどう受け取られるかは気になるものです。

往々にして、人は自分の話を聞いてもらえないと不愉快になります。これは、自分を無視されていると感じるからです。反応してくれているのは、認めてくれているということなのです。

相手の人の存在をまったく認めないとき、その行動は「無視」と呼ばれます。反応の最たる表れは、表情です。にこにこと微笑を浮かべながら聞いてくれるだけで、話をしているほうは大いに安心するものです。

話の内容によっては、無条件に、にこにこするのも難しいでしょうから、せめて相手の目を見るということはしてみてください。目を見るということは、「あなたのことを無視していません」ということです。

上司も人の子です。部下であるあなたが、無視とは言わないまでも、聞いているのか聞いていないのか分からないような反応では、話すにも力が入りません。内心は不安なものなのです。

仕事を発注しないといけない発注主としては、仕事を請けてくれる人がいてこその発注主ですから、仕事を請けてくれる人が見つからなければ、実は大変なのです。請けてくれるかどうか分からないなら、そりゃ不安にもなります。

反応は反応にリターンされる

誰でも自分の話をよく聞いてくれる人の話なら、しっかり聞こうとするものです。

因果応報。されたことを相手にする。または、してもらったことを相手にお返しするという考え方があります。これを良いほうで活用しましょう。

上司の話を、メモを取り、しっかり目を見てうなずきながら聞く。

話が終わったら、内容を要約する。不明点は質問してきちんと確かめる。上司はあなたの真摯な反応を絶対観察しています。悪い気はしません。

そんなあなたからの話ですから、基本的には、上司もしっかりと聞こうとしてくれるでしょう。好反応には好反応のお返しです。

よく聞いてくれる方には、たくさん話をしたいものです。

こうなると、あなたが、入手できる情報量は格段に増えるというものです。よく聞いてくれる人には、追加の話のサービスが次々と提供されるものです。


「ちょっと、これは別件なんだけど」

「補足しておくと」

「念のため言っておくと」

「ところで、話は全然違うんだけど」


上司の口癖はいろいろでしょうが、よく聞いてくれる部下との話では、時間の事情が許せば、必ず追加のおまけ話が出ます。

上司の気持ちや考え方も、情報が多いほど分かりやすくなります。いいことずくめです。
このおまけ話が、あなたの活力源になることをお忘れなく。
上司に話をさせるのは、あなたにとっても良いことなのです。

イノベーション・トレーニング――⑥

「にこやかに聞く」「目を見てうなずく」「メモを取る」「内容を要約して確かめる」
上司から「話しやすい部下だ」という印象を受けるように心がける。

会話のボリュームは腹八分目に

「食事は腹八分目が丁度いい」なんて言葉があります。ここは、話のボリュームについての小知恵の話です。少なすぎれば物足らない。多すぎれば消化不良。食事にたとえたら分かりやすいですね。

会話が適量かを意識しながら話す

上司があなたの話を聞いてくれるようになりました、としますね。こうなれば、話を聞いてくれるだけでも、今まで話を聞いてくれなかったことを思えば、まずは大きな前進です。さて、ここからさらに進歩したいものです。

「もっと詳しいことを聞かせてくれないか」上司からこう言われたとしたら、話のボリュームが不足しているということです。あなたの話に興味を持ち出してくれた上司は、「もっと食べたい（知りたい）のに」と不満になります。

逆に、「えーっと、ちょっと話をシンプルに整理してくれないか」上司からこのようなことを言われたら、上司は話のポイントが理解できなくて混乱していま す。ボリュームが多すぎるようです。

適量の話ができるほど、上司からあなたへの信頼度が高まります。

上司にとっては、自分の様子に合わせて仕事をしてくれていると感じるからです。

ボリューム不足なら、「何をお知りになりたいですか？」と要望のメニューを聞けば良いのです。すぐに、回答できなくても構いません。「○○日ぐらい、かかりますがよろしいですか？」と聞けば良いのです。

ボリューム過多なら、「○○の話は、今じゃなくても結構ですので」「◇◇の話は、改めてお話ししますので」「今回は、△△の点を重点的にお願いします」と、ボリュームを調整、減らして、ポイントをしぼりましょう。

会話が適量かを確認する際には、内容の途切れに、「これまでの私の話で分かりにくいところはありましたか?」と確かめます。

そのとき相手から返ってくるレスポンスに応じて、会話量を変化させるように心がけましょう。

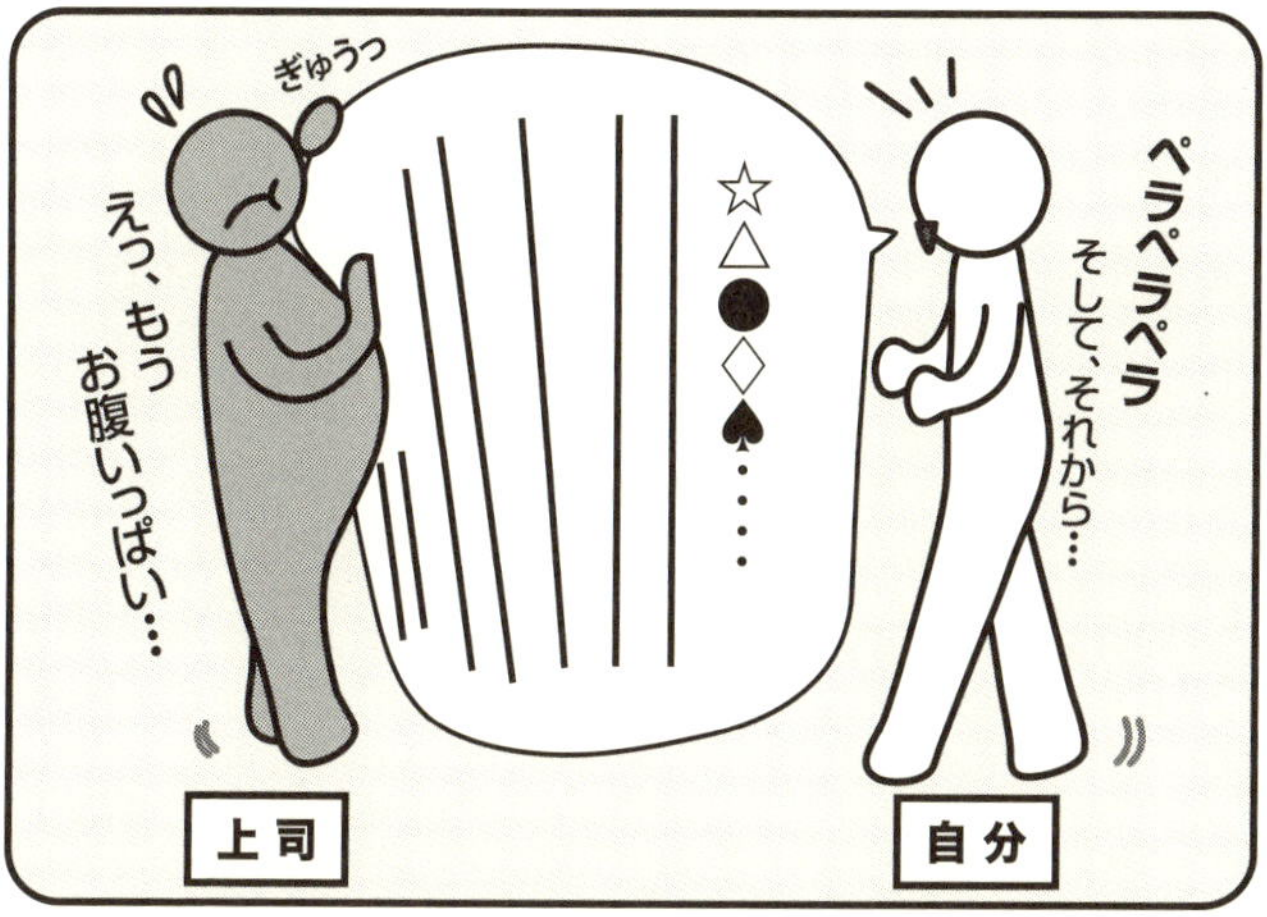
ペラペラペラ
そして、それから…
☆△●◇♠……
ぎゅうっ
えっ、もう
お腹いっぱい…
自分
上司

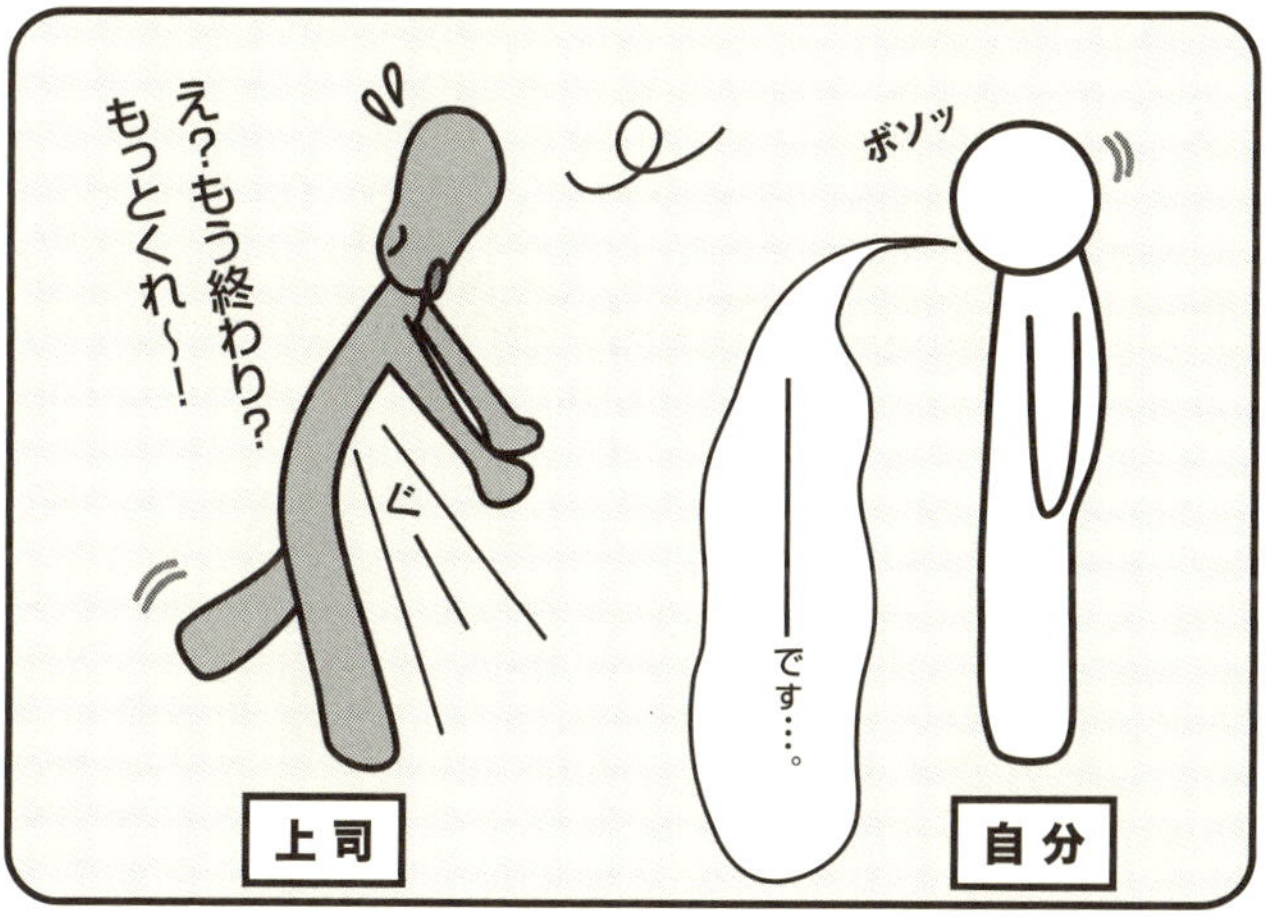
ボソッ
――です…。
え？もう終わり？
もっとくれ～！
ぐ
自分
上司

会話の終わりにはOKサインをもらう

食事して、満足したら必ず何らかの反応が出ますよね。「あぁ、よく食べたな」や、「ここは美味しかったね」の声であったりします。

ビジネス会話で満足してもらうには、話の内容を「消化」してもらえることが大事です。

あなたも上司の話を聞いて、何のことやらまったく分からなかったら、不安になりませんか。

しかも、自分が何かをやらないといけないのは確かだとしたら、何をするのかが十分に理解できていないのですから、不安は増大されます。

消化できているのか、満足しているのかのサインを確認することが大事です。

あなたも、上司の話を聞いて消化できたなら、「よく分かりました。了解です」

と明確にサインを送ってください。

あなたが、上司に話しをする場面では、話の最後に上司から必ず、「よく分かったよ。ＯＫです」と明確な理解と承認のサインをもらってください。

サインがよく分からなかったら、聞くことです。そこを躊躇する必要は一切ありません。言動でＯＫが出ないということは、上司は何かがひっかかっている証拠です。そんなときでも慌てる必要はありません。

「何か、気になることがありますでしょうか？」

「分かりにくい点あればおっしゃってください。もう一度ご説明します」

このような言葉を投げかけたら良いのです。

イノベーション・トレーニング——⑦

話し終わったら、「お分かりいただけましたでしょうか？」のひと言をつけ加えてみよう。そして、相手の反応をしっかり観察すること。ＯＫをもらうのがゴール。

嫌われないようにして負けを防ぐ

単純な話。上司に好かれているほうが仕事は絶対やりやすいです。好かれていると、すべてがあなたに対して好意的になります。基本的には賛成ですもんね。ところが、嫌われているとそうはいかない。すべてが否定的、基本的には反対です。内容を聞く前に、「あいつの仕事か」これだけで、反対されることもあり得ます。下手をすると、同じ会社の一員なのに敵対関係になってしまっている場合もあります。

選べるなら、やっぱり好かれているほうが良いです。上司に嫌われると仕事を進めることは、あまりにも大変になりすぎます。ここでは、好かれるのは理想として、まずは、「嫌われない」ようにするための小知恵をお話しします。

嫌われないためのシンプルな法則

嫌われないためには、どうしたら良いのでしょう。ご安心ください。たくさんはありません。大きく2つにまとめてみました。シンプルですよ。

①約束を守る
②嘘をつかない

この2つだけです。

「えっ！　それだけ？」との声も聞こえてきそうですが、これだけです。

2つだけといっても、これをしっかりと守り通せる人って、案外、そうはいないのです。

上司は、自分の部下がこれを守れるかじっと観察しているものです。極端な例ですが、いくら明るくさわやかで、弁舌流暢な部下でも、約束を守らなかったり、嘘をついたりする、この2つがあるだけで上司は部下を信頼できなくなります。

この2つは、一緒に仕事を進めていく上で、それほど大事なことなのです。


上司からすれば、多少愛想やかわいげがない人でも、一度結んだ約束を必ず守って、嘘を決してつかない。こういう人のほうがいいのです。

もちろん、愛想がよくて、にこやか、さわやかに越したことはありません。

当たり前のことを当たり前のように、いついかなるときも安定的にパフォーマンスできる。一見地味なようですが、これはかなりの仕事力であり、大きな信頼性につながります。

約束を守る人の行動パターンとは

「約束をきちんと守る人」と思われるような行動を、ひとつお教えしましょう。

いくらあなたが心の中で「約束を守るぞ」と誓っていても、それは相手には見えません。行動や言動となって、相手ははじめてあなたの気持ちが分かります。

3つのポイントで報告のアクションを取るだけでも、約束履行の気持ちは、相手へビンビンと伝わります。

上司より頼まれごとを受けました。約束事、発生です。

①着手時の報告

「これからはじめます」と報告を入れます。聞いた上司は、自分が確認したいことも含めて、あなたに話をするはずです。あなたも上司の「想い」を再確認できます。

②中間時の報告

「今、このような状況です」と報告を入れます。その状況に応じて、上司より指示内容の変更が出るかもしれません。激励もあるかも。この後の展開について、上司の考えを確認できます。

③終結時の報告

「終わりました」と報告を入れます。ここで、上司は本当に終わって良いか確認をします。発注主としては、正しく納品がされたか検収をするわけです。これをしてもらえると、上司は心から安心ができるのです。

口数が多い必要はありません。

「①着手時、②中間時、③終結時」このスリーポイントで、あなたが口火を切れば良いだけの話です。

話の肉厚は、上司がつけてくれます。上司からすれば、そこまで丁寧に確認を取ってくれるということに嬉しさを感じるのです。自分との約束をしっかりと果たそうとする行動として評価してくれます。あなたにとっても、報告の場面で、いろいろ言われることはあっても、確認と承認を取っていますから「本当にこれで良いのかな？」と不安な気持ちは感じずに済みますので、精神衛生上もよろしいというわけです。

小まめな状況報告が誤解を防ぐ

職場で、上司とのやりとりにおいて、意図的に嘘をつく人は極めて少数派のような気がします。

大多数の人は、嘘をつくつもりはないのですが、結果として、「やれなかった（やると言ったのに、できると言ったのに）」→「嘘をつかれた」とこのように理解されてしまったというのが、真実の姿です。

上司に対しての発言後（そこには約束事も加わります）、状況が変わったときは、変更の申し入れをすれば良いのです。

切り出しはひと言でOKです！

「すみません。この間の○○の件でご相談があるのですが」

こう発してくれると、「どうかしたのかい？」と上司にスイッチが入ります。

あとは、上司からいろいろと聞いてくれるはずです。もちろん、あなたも必要な説明をすれば良いのです。


勇気を持って、申し出てみてください。思いがけず、上司からも、

「よく言ってくれたよ」

「早いうちに言ってくれて助かったよ」

「君も大変になっていたんだね」

このような反応が出てくることでしょう。


上司はあなたに仕事を依頼する、発注主です。

もし、上司からのオーダー通りに納品できないときは、即、上司に相談です！

これを実行できるだけで、絶対、嘘つきとは言われません。むしろ、あなたの

誠実さに発注主である上司は感謝してくれるでしょう。

イノベーション・トレーニング――⑧

約束したことをリストにまとめて、発注主に再確認をしてみよう。発注主である上司の反応より学べることが多くあります。

上司の立場になることをイメージする

上司の気持ちが手に取るように分かったら、上司に話をすることは、楽ですよね～。

「こう言ったらどう感じる」かが分かるのですから、話しやすいことこの上ありません。相手を深く理解できれば、コミュニケーションは格段にスムーズです。

ここはそれを進める小ワザをお教えいたします。

「ヒトリ劇団」を結成してみる

芸人さんである「劇団ひとり」さんの話ではなく、あなた自身で、あなた一人だけが劇団員の劇団を作るとイメージしてみてください。

頭の中で、最近の仕事を思い浮かべてください。上司とあなたとのやりとりです。あなたはあなた自身の役とともに、上司の役を演じると考えてみてください。

たとえば、このような場面を自分で作るのです。

シーンその1【A君の資料提出】

①**係長：「A君。この間から頼んでいた資料、もうできているかい？」**

A君：「はい。できています」

②**係長：「できているなら、持って来てくれないか」**

A君：「あっ、はい。ちょっと待ってください」

③**係長：「課長にすぐに報告しないといけないんだ。急いでね」**

（資料の準備をするA君。係長イライラして待っている。ようやくA君、資料を

持って来る）

④係長：「おいおい、これじゃ、見にくいな」

A君：「そうですか。これでも一生懸命作ったのですが」

⑤係長：「そういう問題じゃなくて、まぁいい。このデータなんだけど、これグラフで表示してくれないか」

A君：「えっ！　今すぐにですか」

⑥係長：「だから、急いでいると言っただろ」

さて、今のあなたの立場でしたら、A君は演じやすいかもしれませんね。ここでは、係長役を演じてみてください。

この係長役、あなたならどう役作りをしますか。係長の心情をイメージしてみましょう。

相手の心情をどうイメージできるかが、実は仕事の質を大きく左右するのです。

こういった場面のとき、圧倒的に多い上司の心情を係長のセリフの番号順で紹介しますね。

①こうして自分に経過を気にさせていることだけで、係長は「おい、早く、報告くれよ」と怒りかけています。おそらく昨日今日ではなく、以前から頼んでいたのでしょう。

②「何をぐずぐずしているんだ」と怒り出しました。A君のもたもたしている様子がさらに火に油を注ぎます。

③「緊急事態なんだ」と分かってくれないA君に、さらにイライラします。

④「見にくい資料だ」と係長は即座にこの仕事の質の低さに気づいてしまいました。課長への報告はこの資料では、スムーズにいかないことも見通せました。怒

りのとんがりがさらに鋭くなります。

⑤今の状況を飲み込めないA君にさらにイライラしながら、具体的な指示をしています。

⑥「何度言っても察しの悪い、分からぬ奴だ！」と怒り心頭モードに入りました。

自分が係長の役になってみると、係長の心情をイメージできて、どう仕事を進めれば係長は満足するかを具体的に描くことができるようになります。

次に、A君より上司の心情を理解できるB君に登場してもらいましょう。

A君とB君とでは書類作成能力に差はありません。2人の違いに注目してください。

シーンその2 【B君の資料提出】

①B君：「係長。先日頼まれた資料を作成しはじめたのですが、ちょっとお伺いしてよろしいですか？」
係長：「あぁ、進めてくれているんだね。いいよ。何かな」
②B君：「データを四半期ごとにまとめるということで、やりかけているのですがこんな一覧表の形式でよろしいでしょうか？」
（作りかけの資料を見せるB君）
係長：「あぁ、これね。僕も説明していなかったかもしれないけど、ここは、一覧表を添付資料として、グラフにしておいてくれないかな」
③B君：「了解しました。他に何か気になることはありませんか？」
係長：「大丈夫。あとは、この間言った通りでいいよ」
④B君：「了解しました。提出は来週の木曜までで、よろしいですね？」

係長：「あっ！　そうそう。悪いけど、水曜までに仕上げてくれないか。それも午前中に。午後、私が念のため内容を確認するよ」

⑤B君：「早くなったんですね。何か事情でも？」

係長：「課の会議が、課長の出張予定の関係で、早まりそうなんだ」

⑥B君：「そうだったんですか。それなら、水曜の午前と言わず、火曜の夕方にでもお出ししたほうがよろしいですね」

係長：「そりゃ、助かるけど、君が大変だろう……」

⑦B君：「何とかがんばってみます。もし難しくなったら、またご相談させてください」

係長：「分かった。助かるよ。でも、あんまり無理しないようにね」

このシナリオの係長は、少なくとも怒りモードではありませんね。むしろ、にこやかな様子です。

先述した通り、A君とB君とでは書類作成能力に差はありません。

2人の違いで注目すべきポイントは「自分本位で進めているか」、「上司（仕事の発注主）本位で進めているか」、という点です。

B君は、発注主である係長へ最大限の気遣いをしようとトライしています。このシーンで、B君がどのような気遣いを見せていたのか、B君のセリフの番号順で解説します。

①「係長、この資料気にしているだろうな」と、本格着手時の報告をしています。進め方がずれていないか自分自身の不安を取り除くためでもあります。

②納品の最終イメージを発注主（＝係長）に確認です。大事なことですので、ここが大きくずれていたら、多大な迷惑をかけてしまうとの気遣いがあります。もちろん、自分にとっても仕事を誤らないための大事な確認でもあります。

③・④「他にも頼みたいことあるんじゃないのかな」の気持ちで、発注主の他の要望を掴もうとしています。聞かれたほうは、思い出せるのと、言いにくいことを無理なく言わせてもらっています。

⑤・⑥・⑦「事情を理解した上で、自分の立場でなんとかできることをさせていただきます」の気持ちです。B君本人はそこまで明確に意識していないかもしれませんが、これは「係長の仕事をしっかりとお手伝いさせてください」の気持ちとして、係長の心には響きます。

B君、自分から主体的に行動しながら、上司への気遣いをしっかりと具体化しています。上司の係長からは「自分のことを良く分かってくれる人」だと、高い評価をされます。頼りになる存在に日に日になってゆくことでしょう。

先輩役者の知恵を遠慮なく借りよう

上司がどのように考えるかをイメージしようとしても、普段あまりつき合いがないと、どんなに想像力を巡らしても、イメージが思い浮かばないかもしれません。そんなときは、劇団を拡大して、先輩劇団員の知恵を借りることです。

・場面
・やろうとしていること
・考えている進め方

こういった前提を明示したうえで、上司とのつき合い経験豊富な先輩に、聞いてみたら良いのです。周りで活用できる資源はどんどん使っちゃってください。

「先輩、今度、○○の件を、係長にこう持っていこうと思っているんですけど、係長は、どう言われると思われますか？」この聞き方でＯＫです。

こう問いかければ、先輩諸氏は今までの豊富な経験の中から、あなたに傾向と対策を教えてくれるでしょう。

もちろん、お世話になる先輩たちには、礼を尽くし、先輩の仕事の遂行にも、あなたが貢献して、信頼関係をつくっておくことが前提です。しかし、あなたがそこをちゃんとできていれば、先輩諸氏は、きっとあなたの力になってくれます。


「係長は、きっとこう言うよ」

「係長は、こうしろと指示するだろうな」

「係長は、一目見て分かるビジュアル資料を好むな」

「係長は、そこの部分は細かくこだわるよ」

このようなネタを先輩はきっと持っています。


試験勉強での過去問の入手みたいなものですね。

絶対的なものとは言いませんが、人間の行動にはある程度のパターンがあります。行動傾向をつかんでおくのは、決して無駄にはなりません。今までの代表的な行動傾向と違う動きが出てきたとしたら、そこには大きな状況の変化があるとにらめば良いのです。

相手を深く理解できるほど、その気持ちは高い精度で予想できるようになるのです。これは訓練次第で能力アップが可能です。

イノベーション・トレーニング――⑨

上司に話しに行く前に、情景を想像してみて、どう進むかシナリオを思い浮かべてみよう。それが事前のシミュレーションとなり、リハーサルとなる。

第2章

上司にあなたの意見を聞いてもらおう

明確な根拠で意見はパワーアップする！

何と言っても、上司に自分の意見を聞いてもらえるのは、やっぱりいいものです。ビジネスライフでは、上司に意見を聞いてもらえることから、さまざまな可能性が開けます。

ぜひ、上司に意見を聞いてもらいたい。さぁ、そのためには、どうすればいいのでしょうか。気になるところです。

ここでは、あなたの会話力をパワーアップさせる、具体的な小ワザをご紹介します。

意見とは、あなたがぜひ上司に聞いてもらいたいと思っている事柄です。話の構成次第で、上司に与えるインパクトを劇的に変える事は十分に可能なのです。

上司はあなたの示す「根拠」に興味がある

上司のことは、あなたの「ちょっと気になることがあるのですが、よろしいですか?」この言葉で十分に引きつけることができます。

たとえば、こんな場面
「どうしたんだい?」上司は反応します。
「うちの大口取引先の○○商事なのですが、最近様子が変なのです」とあなた
「一体、何がどう変なのかね?」上司は興味津々です。
さて、ここで、次のあなたの言葉が運命の分岐点です。
次のページの図をごらんください。

①
無感情で
臨場感もない
なんか皆さん、いつもより元気がないみたいなんですよね。
ぽりぽり
ふーん、冬だもんね。
自分
上司

②
情熱を感じる
実は3日ほど前、新製品の説明をしに行って来ました。いつもは担当の方だけでなく、先方の課長も熱心そうに話を聞いてくれていたのです。ところが今回は担当の方だけが、「一応聞いておくよ」という対応でした。
へぇ、それで?それで?
自分
上司

どちらのあなたが、上司をより引きつけると思いますか？

上司からしてみると、「明らかに②」と言うことができます。

事実である現場の生情報は、最高の根拠情報なのです。あなたの上司は現場の管理監督者として現場の状況を正確に掴んでおく責務があります。これは、とてもありがたい情報なのです。

上司はあなたの示す根拠情報、すなわち現場で起こった生の事実情報に興味を示すのです。あなただけしか知り得ない情報。あなただから知ることができた情報。このような情報にこそ大きな価値があるのです。

具体的な提案をする意見も大事なのですが、上司が知りたくても知り得ない現場の生情報をもとにした問題提起の意見も大事です。上司と現場をつなぐ役割を自分が果たしていると意識してみてください。

現場の生の事実情報の話であれば、上司は絶対に聞きます。事実だから無視できないのです。ですから、事実情報の裏づけのある根拠から生まれた意見は、「あいつはあいつなりに考えて言っているんだ」とこう思われる訳です。内容の正しい、正しくないは吟味されますが、いい加減だ、でたらめだ、との評価をされることはないのです。

事実である根拠情報を備えたあなたの意見は、聞いてもらう力が満載の意見に生まれ変わります。

「○○君、もっと詳しく状況を聞かせてくれないか」このような反応が上司から出て来たとしたら、上司があなたの意見を欲して聞いている状態に他なりません。

上司の耳をゾウの耳にさせる構成の仕方

「現場で何か起こったのか！」あなたの第一報で、上司が聞く気になってくれたとします。そのとき、話の構成が分かりやすいと、上司の理解はさらに進みます。

この構成には、ちょっとしたコツがあるのです。

【3ステップ構成】

①結論……「私はこう考えます」

最初に結論を言って、何の話かをすぐに分かってもらいます。

②理由……「なぜならば、理由は3点あります」

次に、整理された理由を述べます。

③根拠……「裏づけとして、次のようなこと（データ・状況）がありました」

最後に、根拠情報を示して、いい加減な推測・憶測ではない考えであることを分かってもらいます。

このように構成が明確であると、聞いているほうは分かりやすいのです。

②の理由は無理に3点にする必要もないですが、3という数字は納まりのいい数字とも言われています。「理由は、10点あります」と言われると、聞くほうは、

引いてしまいますね（笑）。たくさんありすぎたらどれがホントの理由かも分からなくなってきます。

裏づけの話には事実であることと、正確であることが求められます。作り話はいけません。裏づけとして、上司の知らない現場の生の事実情報をしっかりと正確に話してくれるほど、上司は信憑性を感じ、安心しながら話を聞くことができます。理解が深まれば、確信を持って自分のビジョンをまとめることができます。

上司の攻略アドバンス——①

3ステップで伝えたいことをまとめてから、話をはじめよう

「ほう・れん・そう」で誠実さを認めてもらおう

あなたには釈迦に説法かもしれませんが、基本を少し。

「報告」「連絡」「相談」３つ合わせて、「ほう・れん・そう」。ビジネスでのコミュニケーションの大切さを説いた言葉でもあります。これをどう活用するかで、意見を聞いてもらえるようになります。ここでは、「ほう・れん・そう」活用の小知恵を紹介します。

組織の問題は「聞いていない」ことから起こる

「ほう・れん・そう」とは、

報告：任務を命じられた部下が、その結果を上司に伝えること
連絡：関係者同士が相互に情報を伝えること
相談：上司と部下、または関係者同士が、相互に意見を出し合うこと

大まかには、このような意味合いです。しかしこの3つの意味合いの違いを厳密にとらえることに神経を使うよりは、まず仕事には上司や同僚、関係者同士のコミュニケーションが大事だと肝に銘じておいてください。

上司にとって、「ほう・れん・そう」を小まめにしてくれる部下は、決して邪魔くさい存在ではありません。むしろ、「ほう・れん・そう」をしてくれないほど困った部下だと思われています。

組織の中での問題は、関係者間で「聞いてないよ」から起きる問題があまりにも多いのです。「聞いていない」という状態になったとき、これは、必要なことを「聞かされていない」と同義語ですので、この状態に置かれたとき、人は極めて不愉快になります。もう、この時点で由々しき事態のはじまりなのです。

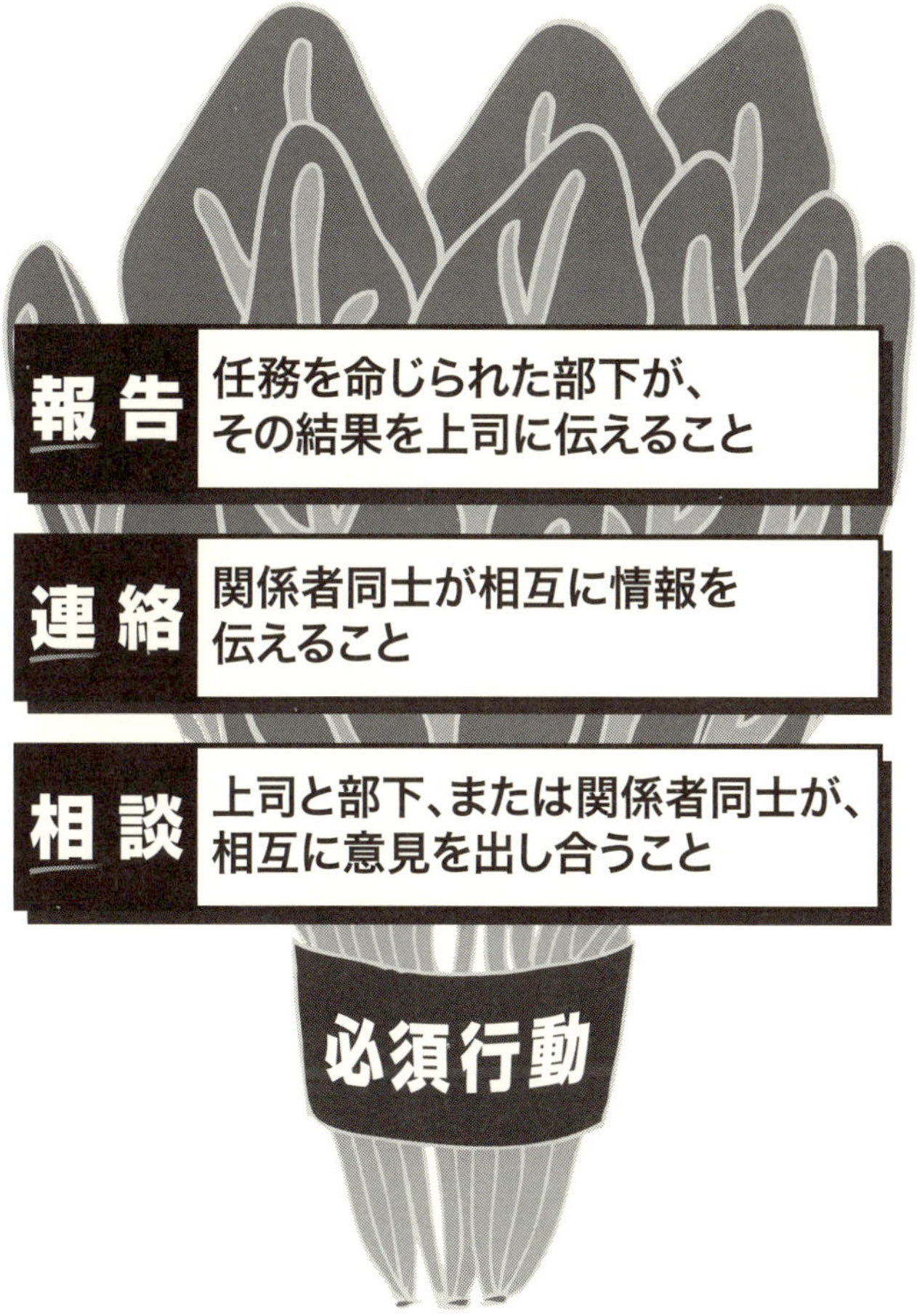
報告
任務を命じられた部下が、
その結果を上司に伝えること
連絡
関係者同士が相互に情報を
伝えること
相談
上司と部下、または関係者同士が、
相互に意見を出し合うこと
必須行動

「なんだ、その件は？　私は聞いていないよ」こういうことを言うときの人の顔に笑顔は一切ありません。大抵は、不愉快さと怒りがにじみ出ています。

しかし、解決法は簡単です。

「聞いていない＝聞かされていない」で問題が起きるのですから、「聞いている＝聞かされている」状態を作れば問題は防げるわけです。

「ほう・れん・そう」のインプットを、真面目にしっかりとすることで、あなたの仕事に対する誠実さは上司にはいやおうなく伝わるのです。

自分から積極的に「ほう・れん・そう」を仕掛けていってください。

ちなみに、報告とは、連絡とは、相談とは、と細かいことに悩む方が案外多いのですが、上司には「すみません。『ほう・れん・そう』させていただいてよろしいでしょうか？」こうアプローチするだけで、大丈夫です。

ここは「報告かな？」「連絡かな？」「相談かな？」とそんなことは気にしないでOKです。

「『ほう・れん・そう』させていただいてもよろしいですか？」このひと言ですべてOKです。

「何かあるのかい？」と必ず、上司は反応してくれるはずです。

自分の知っておくべき現場情報を、タイムリーに、正確に知りたいと、上司は思っています。

部下が失敗した情報のことも、もちろんです。あなたが失敗したら、上司はすぐに対策を考えないといけないのですから。「聞かせてくれる」というのは、情報を待つほうからすれば、本当にありがたいことなのです。

聞きやすい会話を作る2つのポイント

上司に聞いてもらえるとしたら、次に大事になるのは伝え方です。

話を聞いてくれる上司に、要点を正確に簡潔に話せることです。

上司からすれば、

・何を言っているのか分からない話
・根拠不明のテキトーな話
・聞いていて調子を狂わされるリズムの悪い話
・聞かせる「力」のない弱々しい話
・あなただからこそのオリジナリティーが皆無の話（誰でも知っている類の話）

こんな話は聞きたくないのです。最初は「聞こう」と思っていても、こういう話が続くと、途中で、その気はどこかに霧散してしまいます。

つまり会話で重要なことは、まず聞き手が聞きやすいか否かに注目することなのです。たくさん、しゃべろうとすることにこだわる必要はありません。聞きやすい会話に必要なポイントは、究極、次の2つです。

①So What?（だから何?）

要するにどういうことなのか。問題事項のスーパー要約版のこと。

②Why So?（なぜ、そうなの?）

裏づけの事実データによる検証を含んだ根拠の開示のこと。

この2つをバシッと言えるだけで、まずはOKです。聞き手からしてみると、話の根幹が明確だから、聞きやすいのです。

意見を聞いてもらうためには、自分の意見をシンプルにまとめることができるようになることも大切です。

意見や話がシンプルにまとまっているものの代表として挙げられるのが、新聞記事です。特に「見出し」には、その記事の中で最も伝えたい事柄が凝縮されています。

会話をシンプルに構成するために、新聞の見出しと同じように、自分の話に見出しをつける練習をしてみましょう。会話をはじめる前にその作業をしておくと、自分の中で何を伝えたいのかが明確になります。要点や問題点も見えてくるので、先述した①と②だけで話をまとめることも、意外と容易になるのです。

コミュニケーション力を高める日頃のトレーニングとして、ぜひ実践してみてください。

上司の攻略アドバンス――②

週に1回程度の決まった曜日に行う「定期ほう・れん・そう」を実施。トラブル発生のときには「臨時ほう・れん・そう」を差し込もう。話す内容に見出しをつけて、頭の中を整理しよう。

質問で、上司の好印象をゲットしよう

上司の話に対しての質問はあなたの意見を聞いてもらうための有効な手法です。
意見を聞いてもらえる人は、相手の人の話をよく聞いている人でもあります。
「質問」は、話をよく聞いている証拠にもなり得る、具体的アクションでもあります。

質問とは「聞いていますよ」のフィードバック

上司とのやりとりで、分からない点は質問すること。これも大事なことです。
上司はあなたから質問されることで、あなたが自分の話をどのように聞いていたかを確認できます。

上司に自分の話を聞いてもらう前に、上司の話をあなたがしっかりと聞くことです。


人は自分の話をよく聞いてくれる人の話をよく聞く。第1章でも述べたことですが、単純なこの原理を意識しましょう。意識すると、質問するときの注意点が見えてきます。


やってはいけないことは、同じことを何度も聞くことです。

何度も同じことを聞いてしまうと、自ら「ちゃんと聞いていなかった」ことを証明してしまいます。

話の内容が、あなたにとって理解し難いレベルの高いものであれば、分かるまで質問してもいいでしょう。上司は内容のレベルを調整して、説明し直してくれるはずです。

問題は、理解できるのに理解しなかったときです。

上司は忙しいものです。「何度も言わせるな」と怒りの感情を持ちかねません。自分（＝上司）の話を聞かない不真面目な奴の話を聞くものか、ともなりかねませんね。

上司に自分の話を聞いてもらおうと思ったら、その前に上司の話をしっかり聞かないといけないのです。これは本当に大切な鉄則なのです。

あなたも自分が一生懸命話をしたことを、相手が何度も「〇〇って、どういうこと?」と何度も聞き返してきたら、嫌になるでしょう。「ちゃんと聞いてくださいよぉ～」と思いたくなるはずです。

もし、2度目の質問をしないといけなくなった場合は、「すみません。同じことを質問して申し訳ないのですが、しっかり理解したいので、もう一度お聞きしてよろしいでしょうか」と、つけ加えてください。

これがあると上司は、「聞いていない」転じて、「なかなか熱心だなぁ」に印象が変わります。このひと言があるだけでも違ってきます。

メモを最大限活用する簡便な質問法

質問の効用をお話すると、「どう質問するかが分からない」といった悩みをよくお聞きします。すぐにできる簡便な方法を紹介します。メモを最大限活用するのです。

まずは、上司の話を一生懸命聞きながら、メモをとります（このとき、ちゃんと上司の目を見ることも忘れないように）。

A４サイズのノートを使って大きな紙に分かりやすい字で書いてください。

これだけで、ずいぶん分かりやすくなると思います。

もし、よく理解できなかった項目があれば、話の最後にノートに書かれたメモを見せて、「○○○のことについて、念のため確認したいので、もう一度、お聞かせいただいてもよろしいでしょうか?」と聞きます。

上司はあなたのメモを見ながら、「聞いてくれていたこと」の確認ができます。

上司はあなたの質問に答えてくれます。上司の目を見ながら、その話についても、しっかりメモを取ります。

理解できれば「ありがとうございます」とお礼を。やはり不明確であれば、「△△の部分を……」と分からなかった部分に絞って、再度聞けば良いのです。


あなたが語れない部分をメモで語らせる作戦です。

これをやるだけでも上司にとっては、あなたが一生懸命自分の話を理解しようとしていると感じられ、心は通じます。

空中を飛び交う「言葉」で聞くより、メモに記載された文章で見るほうが、分かりやすいことはたくさんあるものです。

空中戦を地上戦に変えて、メモを援軍としてコミュニケーションを具体的に進めると考えてみてください。人は自分の話を、一生懸命メモしてくれる人には好意を抱くものです。

「質問」といっても、あまり難しく考えないことです。「分からないこと」「知りたいこと」を聞く。それだけのことと心得てください。

分からなかったことを理解できて嬉しい、これでＯＫです。

上司と部下と言っても、そこは人間と人間のつき合いです。ポジション上下の違いはありますが、仕事をする仲間としてはお互い様です。

上司が部下のことを理解すべきは職責から当然求められるものですが、部下からも歩み寄って、上司を理解するよう努力してみると、話が早くなるというものです。

歩み寄って来られるのを待つより、両方から歩み寄るほうがずっと早いですものね。

自分の話を真剣に聞く部下のことは、上司は必ず認めてくれます。聞いてくれるということは、上司にとっても部下から認められたということなのですから、ここでもお互い様なのです。

認めるのは、上司から部下へだけでないのです。部下から上司へもあるということを知っておくと気は楽になりますよ。

上司の攻略アドバンス――③

上司の話を聞く場面、最後にA４紙に大きな字でポイントをまとめてみよう。自分なりの図を入れるのも効果的！

あなたの意見を聞くことのメリットを上手に伝える

人間というのは、一体、どんな話を聞きたいものでしょうか？

それは極論すれば、自分の興味のある話か、自分に関係のある話かです。誰でも自分が関係する話には敏感です。特に上司の立場では然りです。

上司が「自分も関係しそうだ。しかも聞くとメリットがある」と感じる話。

その要素があれば、あなたの話は、さらに聞いてもらいやすくなります。

仕事完了のイメージを高める

上司はどんなことを知りたがっているか。ここここそが狙うべきストライクゾーンです。くり返しとなってしまいますが、大切なポイントをもう一度確認したいと思います。

あなたの直属の上司は部長でしょうか？　課長でしょうか、係長ですか、主任ですか？

いずれにしてもあなたの直属の上司にも、さらに上司がいるはずです。

上司はあなたへ仕事を依頼する発注主です。しかし、その発注主（係長）には、そのまた上の発注主（課長）がいるのです。

あなたが商品（頼まれた仕事）を納品したあと、発注主（係長）は、今度は自分の発注主（課長）へ納品をするのです。

この感覚が理解できると、あなたの意見は格段に聞いてもらえやすくなります。

資料をひとつ提出するにしても、その資料を使って係長が、そのまた上司である課長に説明しやすいように配慮するだけで、仕事のスタイルは変わってくるはずです。

係長が課長からＯＫをもらえるように「これで大丈夫でしょうか？」と相談し

ながら進めることもできます。

仕事の完了を自分の枠にとどめておくのではなく、大元の発注主（社長）に届くまでをイメージしながら仕事をしましょう。

課長の動きを係長に報告

あなたは、直属の上司（たとえば係長）の満足が得られるように仕事していると思います。同じように、係長の大きな責務は課長の満足を作ることです。

こう考えますと、あなたが作りだす最大の成果は、課長に喜んでもらえる仕事を、係長に提出するということなのです。

仕事の提出だけではなく、報告も同じです。

たとえば、部長や課長の様子を報告されると、係長としては大変助かります。

報告する際には、脚色はしなくても結構です。生の観察結果だけで十分です。

意味づけは上司がすぐに行いますので、あなたは現場の状況を伝えるレポートを

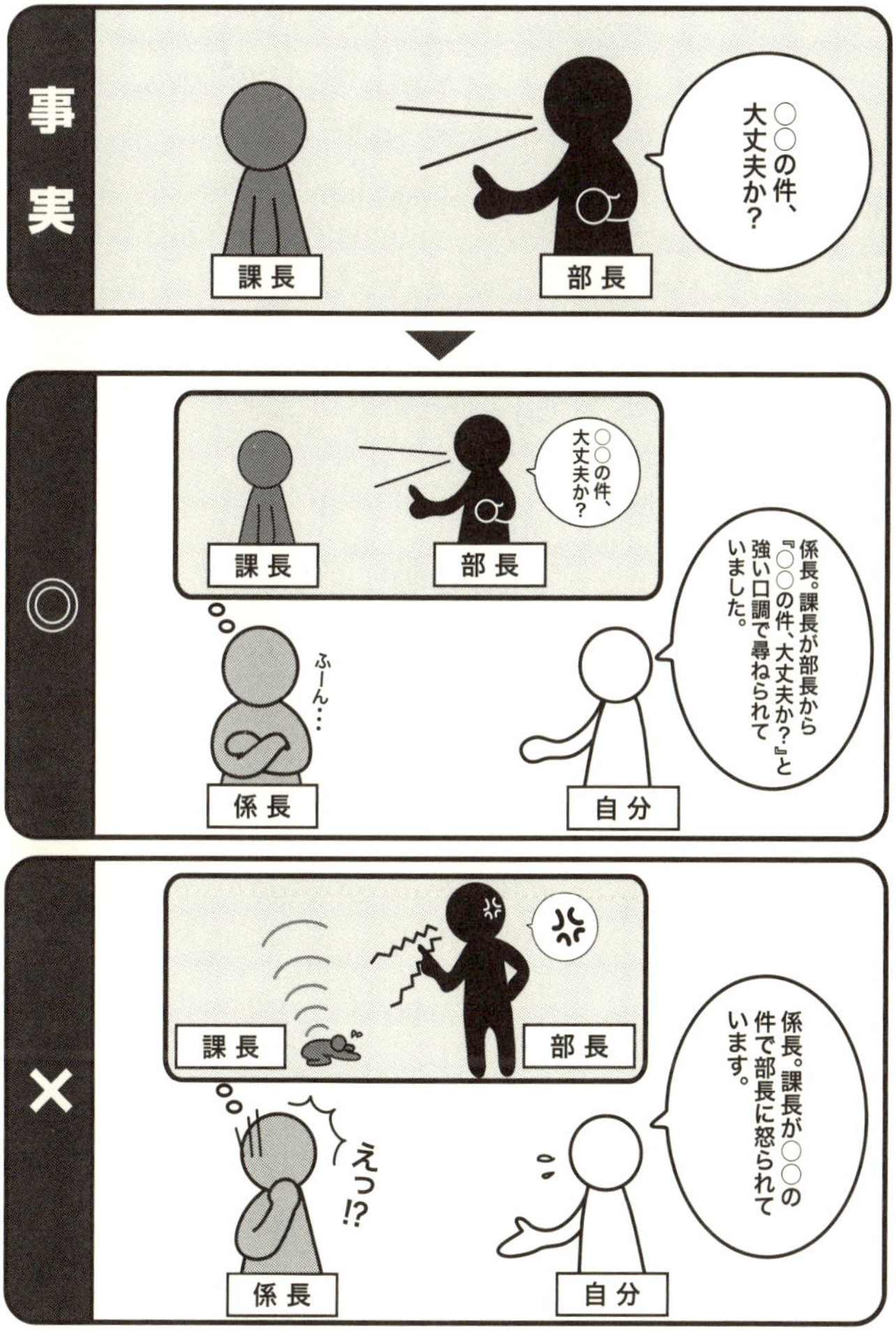
事実
○○の件、大丈夫か？
課長
部長
◎
○○の件、大丈夫か？
課長
部長
係長。課長が部長から『○○の件、大丈夫か？』と強い口調で尋ねられていました。
ふーん…
係長
自分
×
課長
部長
係長。課長が○○の件で部長に怒られています。
えっ!?
係長
自分

するだけで、しっかり仕事はできているのです。

前ページの図を使って解説します。

「係長。課長が部長から『○○の件、大丈夫か?』と強い口調で尋ねられていました」

これは、事象です。事象とは、自らの五感（視覚・聴覚・嗅覚・味覚・触覚）で感じ取った事実です。

事象の情報は、目で見て、耳で聞いて、感じ取っただけのシンプルな情報です。

ところが、「係長。課長が○○の件で部長に怒られています」という伝え方をしてしまったとします。

これらは、伝える人によって脚色がなされているのです。それが的を射たものかどうかは分かりません。

前者と後者では、同じ出来事の報告でも、意味合いが違ってきています。

「あの件、部長はご不満なのか?」「課長は、何かミスしてしまったのかな」と、係長は今までの経験の中で、自分なりの意味づけをすることでしょう。

人は、脚色された情報を受け取った場合でも、それに影響を受けます。曲がっているかも知れない情報で考えると、さらに曲がってしまう可能性が高くなります。

混じりっけなし、曲がりなしの純粋な素材として、上司の様子を報告できるようにしましょう。

上司の攻略アドバンス――④
上司に何かを報告するときには、自分で脚色せずに、ありのままを伝えよう。

T・P・Oを大いに活用しよう！

絶妙のタイミングなんて言葉があります。タイミングがずれると「今じゃないほうがいい」なんて言われます。

タイミングが違うだけで、同じ話を持ちかけても、その応対にはずいぶんと差が出るようです。

タイミングだけでなく、場所と状況もあなたが活躍する舞台を設定する大きな要素です。この3要素をうまくそろえて、あなたの話をもっともっと上司に聞いてもらいましょう。自分が活躍する舞台は与えられるものではなく、自分がつくるものという気持ちを大切にしてください。

舞台設定の3要素「T・P・O」

意見を聞いてもらえるかどうか、実は勝負は話をする前からはじまっています。舞台の設定には3つの要素があります。それがTPOです。

・Time……時・タイミング
・Place……場所
・Occasion…状況

この3つです。あなたが上司にしたい話は、このタイミングでできるのか、この場所でできるのか、この状況でできるのか、という感覚です。

話をはじめる前に、上司に声をかけるときに、この3つ、こういう風に上司に聞いてみてください。

①時・タイミング……「今、お話してよろしいですか？」
②場所……「ここで、お話してよろしいですか？」
③状況……「○○の件でお話したいのですが、よろしいですか？」

こう聞いて、上司がＯＫと言ってくれてから話し出すというのは、上司も話を聞く心準備ができていますから、スムーズです。

考えてみれば、上司が「よろしくない」状態だったのに、話をはじめてしまったとしたら、その後の展開はスムーズとは言い切れないものを感じますね。上司は「困った人だ」と密かに不機嫌になっているかもしれません。

聞くのに一歩踏み出すのは、ちょっと勇気がいるかもしれませんが、ＴＰＯが妥当かどうかは自分でいくら考えても分かりません。ここは、シンプルに考えて、分からないときは、分かる人に聞こう！　とばかりに、相手たる上司に聞きましょう。

ＴＰＯについての配慮や気遣いをしてくれると、上司が値づけをする、あなたの株は確実に上昇します。

上司から見れば、自分の事情を良く理解してくれる存在になるのですから、自然にそうなるのです。

あなたが活躍する舞台の設定とすれば、申し分はありません。あとは、話の内容が上司にとって有益であれば、あなたの株はさらに上昇です。

上司の攻略アドバンス――⑤

話ができるタイミング、場所、状況のＴＰＯ３点セットを常に意識しよう。空気を読める人になりましょう。

同じ意見でも「誰が言ったのか」で大違い

さらに、もうひとつツボをお教えします。

会社生活の中では、同じことでも、誰が言ったのかで意味が違ってくることが往々にしてあるのです。

そう言えば、同じことでも、Aさんが言っても全然聞いてもらえないのに、Bさんが言ったら聞いてもらえることって、ありませんか？

誰が言ったかの要素だけで、聞いてもらえる余地があるのです。これを活用しない手はありません。

アイデアが生まれたら周りを巻き込もう

あなたの中にアイデアが生まれたとします。そのアイデアを実現させるために、上司に伝えなくてはいけませんね。しかし、ただ企画書を持って行ってもなかなか一筋縄では通らないものです。

そんなときのとっておきテクニックは、周りを巻き込むという方法です。

たとえば、あなたが企画書を提出する直属の上司は係長であるとしましょう。

アイデアを持っているあなたが、企画書提出の前にやっておくべきことは、部長や課長に何気なくアイデアを話し、事前に盛り上がっておくという下準備です。

そして、いざ企画書にして係長に提出するときには、こうつけ加えます。

「先日、たまたま課長と帰りが一緒になったのですが、そのときに『それおもしろいね！』と盛り上がったアイデアがありました。係長にご覧いただけるように企画書にまとめてみたのですが、いかがでしょうか？」

係長は課長の満足する仕事をしなければいけないのは、すでにお話ししましたね。課長が盛り上がっているのであれば、その企画を見る目が変わってきます。「課長は乗り気なのか……。どれどれ」

知りたくても知れない情報を部下であるあなたが、自分に入れてくれるのですから大助かりです。

ここで、お気づきになりますか？　あなたの言うこと、係長は聞いてくれています。

課長の件を話すことなく、あなた単独で話を持ちかけたら係長の反応はどうだったでしょうか？　もしかすると、結果は同じになるかもしれませんが、係長の最初の食いつきが違うはずです。これは、内容以前に、「誰が言った」の要素の力なのです。

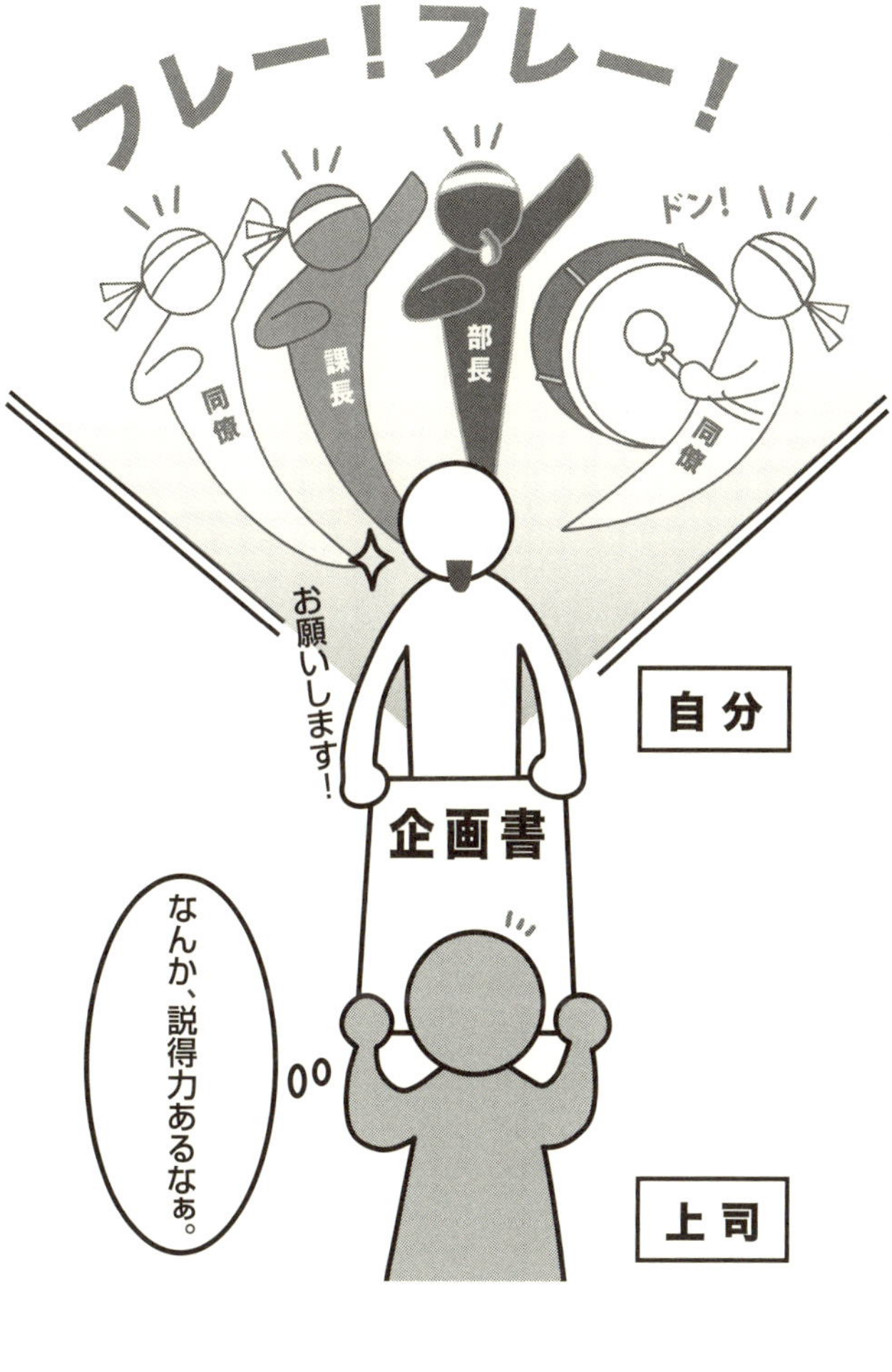
フレー!フレー!
同僚
課長
部長
ドン!
同僚
お願いします!
自分
企画書
なんか、説得力あるなぁ。
上司

周りを巻き込むときの注意点が一つ。

くれぐれも、係長をすっ飛ばして、課長には了解を得ている、といった雰囲気にはしないように。そんなことされたら、係長はおもしろくないですからね。

あくまでも課長とはアイデアレベルで盛り上がり、企画として立ち上げたときには係長の判断を仰いでいる、といった印象を与えましょう。

上司の攻略アドバンス――⑥
根回しを上手に行って、あなたの意見の賛同者を増やしておこう！

第３章

即活用可能！
評価をアップさせるパワーワード集

人は言葉で動かされます。もちろん以心伝心、あうんの呼吸と言葉を使わずに伝わることもあり得ますが、それはお互いがお互いのことを、深く知り合っていないと無理なことです。

言葉を使わずに伝える方法もありますが、それでは、いつかは伝わるとしても時間がかかり過ぎます。仕事を進める上では、言葉を使わないと間に合いません。

ここでは、具体的な実践知識を提供したいと考えております。言うなれば、「こんな場面には、こんな言い方」というフレーズ集です。あなたの仕事力を上げるための力強い言葉＝パワーワードとでも考えてください。単なるカタチだけの言い回しだけでなく、この言葉の意味合いのようなことも、ぜひ知っておいて欲しいと願っております。

意味合いが分かると、あなたの言葉にハートが乗ります。言葉にハートが乗りますと、相手を感動させ、勇気づけて、心をふるわせて、動かすことができます。別名、言霊（ことだま）とも言われますが、言葉には、そんな力も備わっているのです。大いに活用していきましょう。

すべての言葉の土台ゴールドスリー

これから数々のパワーワードを紹介しますが、まずは、すべての土台になると言っても良い、基本の基本にあたる3つの言葉を紹介します。

これらを理解できていないのに、上辺だけの言い方テクニックに走ってもうまくはいきません。その3つとは、

①「ありがとうございます」
②「ごちそうさまでした」
③「ごめんなさい」

「なぁ～んだ」と思われたかもしれませんね。

このあまりにも日常的で、あまりにも当たり前の言葉は、実は次のように活用できるのです。もし、あなたがそこまで考えて使っていなかったとしたら、そう気づけたところから、パワーワードとして使うことが可能になります。

改めてこの3つを、きちんと活用してみてください。

■感謝の気持ちが人望の基本

「○○してくださって、ありがとうございます」


人に何かをしてあげたとき、相手に対して気遣いをしたとき、相手から感謝の気持ちを示してもらったときは、悪い気はしませんね。悪いどころかなかなか嬉しいものです。

感謝の気持ちを持っている人は好印象を持たれます。

しかし、気持ちというものは心の中にありますので、「ありがとう」と言葉にして体の外に出さないと相手には伝わりません。

この感謝の言葉、ただ単に「ありがとう」とだけ言うのではなく、「〇〇〇してくださって」と何に感謝をしているのかの対象をつけ加えることをぜひおすすめします。

「ありがとう」の言葉の前に、具体的対象をつけるのです。たとえば、

「昨日は、お忙しいところお時間をいただき、ありがとうございます」

「悪天候で足もとの悪い中お越しいただき、ありがとうございます」

「丁寧にチェックしてくださり、ありがとうございます」

「日程の厳しいところお待ちいただき、ありがとうございます」


具体的につけ加えることで、あなたがどんなことに感謝を感じることができるのかを、相手に明示することになります。

相手にそれが伝わるほど、あなたは礼儀正しく、自分を支えてくれる人々に感

謝の気持ちを持っている人だと認めてもらえるのです。

自ずと相手に好印象を持ってもらえますから、相手からは、「この人のためなら」と思ってもらえる部分が出てきます。

感謝の気持ちを持っている人は、助けてもらいやすいのです。


では、感謝の気持ちを持っていないと思われる人はどうなるのでしょうか。

あなたも、してあげたことに対して当然の顔をして受け取る人に、一人くらいは出会ったことはあるかもしれません。こんな人は、会社の中では、先輩、上司、または仕事でかかわる人から、人知れずこういう風に言われます。

「あの人、礼のひとつも言わないな」と。

ひょっとすると、その人なりに感謝の気持ちを持っているのかもしれません。

しかし、相手に伝わっていないなら、それは持っていないのと同じことになります。

残念ながら、そういう人は感謝の気持ちも持てない、困った人と思われてしまいます。上述のように、具体的に明確に伝えることで、感謝の気持ちを持っている好印象の人物となり得るですから、やはり言葉の力は侮れません。大いに活用しましょう。ひと言で十分です。ここでは、多弁である必要はありません。

■社会人として気遣える人になる

「ごちそうさまでした」

あなたももう何回も経験があるかもしれませんが、先輩や上司、あるいはどなたかに食事をご馳走してもらうことがありますね。そういう場面での話です。「ごちそうさまでした」を的確に言える人は、自分の立ち位置を正確に理解できている人なのです。ここでは、上司や先輩、役職といったとらえ方をしません。

「気遣いをした人」／「気遣いをされた人」

この2つでとらえます。

この2つの中には、上下のポジションは厳然とあります。この中においては、もちろん「した」ほうが「された」ほうより上となります。

ですから、「された」ほうは「した」ほうに、明確に感謝の意を表さないといけません。それが「**ごちそうさまです**」なのです。

気遣いをする方は、別にお礼を言ってもらいたいためにそうしているわけではありません。その人のことを大切に思っているからこそ、良い気持ちになって欲しいと願ってそうしているのです。

だから、**「良い気持ちになった」とレスポンスを返してくれると心から嬉しい**のです。

少し小難しく表現しますと、これぐらいの単純な状況下での二者間のポジショニング（どちらがどの立場か）が分らない人は、これより複雑な自分の会社組織の中で自分のポジションを的確に掴むことが難しい人にもなりかねません。

大げさに取りすぎるかと思われるかも知れませんが、何気ないこういう場面にも、こういう深い意味があるのです。

ご馳走になっても、それを当たり前のように何も言わない人、こういう人の評判はいかがでしょうか。このように言われているのをよく聞きます。

「○○くんは、社会人というものを全然分かっていないみたいだね」

こう言われるのって、実はものすごく怖いことなのですね。

しっかり感謝の気持ちを出すとともに、自分のポジションを認識している、と相手に示してください。

礼儀正しく、印象の良い人は好かれます。コミュニケーションも取ってもらいやすくなります。

「○○君は、礼儀正しくて気持ちがいいね」

あなたが、「ごちそうさまでした」の気持ちをしっかりと言葉に出せるだけで、相手からこう認めてもらえるのです。大声でなくても構いません。明るく、しっかりとした声で発することをおすすめします。

■行動に対する責任を理解していると証明する

「〇〇してしまって、ごめんなさい」

謝罪を表す言葉「ごめんなさい」。でも、謝罪以外の深い意味がこの言葉にもあるのです。

この言葉、「すみません」「申し訳ありません」も同義語ととらえても良いのですが、その場で、タイムリーに言えないと、即座に相手の胸に小波を巻き起こします。

あなたが、ミスをしてしまった場合、相手はあるポイントに注目します。

それは、「反省しているのか」です。

この判断の元になるのが、そのときのあなたの言動です。

ここで、「〇〇〇**をして、申し訳ございませんでした**」と、「〇〇〇をして」反省している内容を表明できると、相手にその気持ちはすぐに伝わります。

「悪いと思っていること」をすぐに、お詫びとともに表明できれば、相手からは、「自分の取るべき行動については分かっている人だ」との認定がされます。

あなたのしっかりとした責任感も認めてもらえることでしょう。

この表明ができない、あるいは、しないと、「ホントは、悪いとは思っていない」と捉えられ、「自分の取るべき行動を分かっていない人」のレッテルが貼られてしまう危険があります。責任感がないとも思われるでしょう。

「ミスは良くないが、この人は自分の非を認め、自分が本来取るべき行動に気づくことができる人である」。

相手がこのように感じてくれたなら、あなたのこれからのために、少しでも援助をしてやろうと考えてくれるものです。必ず行いを改めることのできる人材と認められているのです。

実際に、失敗した場面なのですが、気がつけば、このように相手から的確に指導を受けられて、さらに応援しようとの気持ちにさせることもできるのです。

使い方次第で言葉は大きな力を発揮します。同じ気持ちを心の中に持っていても、言葉にできる、できないで、かくも違ったコースになってしまうこともあるのです。

ミスをしても、その事態とあなたへの印象が良くなるコースをぜひ歩んでください。明確に言葉にすることで、それが可能になります。

味方をつくり出すパワーワード集

職場でのあなたの周りの人たちは、最初からあなたのことを好いているわけでも、嫌っているわけでもありません。あなたの発した言動をきっかけとして、態度を決めてしまうことが往々にしてあるのです。

ここに紹介しますのは、周りの人々をあなたの味方に引き込むための具体的な言葉の数々です。

具体的な言葉を発することで、そこにハートを乗せて、相手にあなたの気持ちを届けることができます。相手が、あなたの気持ちを受け止めて、理解してくれたところから、あなたの味方になってくれるのです！

■相手のことを認めていると明確に示すシグナル

「○○さんの△△なところはいいですね」

ほめるときは明確に表現することです。どんな人にもいいところはあります！具体的に明示することで、相手の心にビンビンと響くのです。長所をどんどん見つけるあなた、気づいているあなた。こういうイメージを相手に持ってもらいましょう。これは、言葉を介して持ってもらえるのです。

「○○さんの電話受けるときの元気な第一声、いいですね」
「○○さんの課長からの話のまとめ方、いいですね」
「○○さんの場の盛り上げ方、いいですね」
「○○さんの作られる資料の出来栄えはいつも、いいですね」

そして、このような言葉を発したあと、次の言葉を二の句として発してください。

「見習わせてください！」これを言われていい気持ちにならない人はいません。

相手の方にカンファタボー（comfortable）を与えてください。

材料は何でもいいのです。あなたが、自分で実際に見聞きしたもので、いいなぁ、スゴイな、見事だ、素晴らしいと感じたことを、具体的に表現すればいいのです。どんな小さなことでも構いません。こういうほめ言葉は、周りの雰囲気を明るくします。適当なお世辞ではなく、実際に見聞きして感じたことを言っていますので、何かしらのうさん臭さが漂うことも排除できます。

いつもこんな肯定的なことを言ってくれる人が傍にいてくれたら、相手もやる気が出てくるというものです。「この人は、どんな場面でも、人の良いところを見つけようとしてくれる。いい加減な悪口を決して言わない」あなたが与えるこの印象が、あなたを人間的に信頼できる人と、相手に認知させる材料になるのです。自分の良さを常に見つけてくれる、自分を認めてくれる人、そりゃ、味方になるというものです。

■自分はチームプレーに徹すると宣言する

「わがままは、やめておきます」

チームプレーで仕事をしている場面では、自分の好きなようには進められない場合が往々にしてあります。時には、自分自身の考えとあまりにも違って、承服し難いぐらい悔しいこともあり得ます。ところが、そんな場面に、この言葉。

「私としては、別の考えもあるのですが、チームの決めたことです。ここは、わがままは、やめておきます」

この言葉は「フォア・ザ・チーム」、つまり**チームのために自分は働き、わがままは一切言わないとの宣言**でもあります。

チームのために自分を抑えられる人は、まわりの人、特にチームのリーダーにとってみれば、たまらなく頼りになる人間です。

ときとして、しんどい目に合わせるかもしれないが、この人がいるから、この人になら心置きなく困難な役割、人の嫌がる役割を担ってもらえる。

その環境があるならば、思い切ったチームプレーができるとリーダーは考えます。そんなメンバーをリーダーが大事にしないわけありません。きっと味方になってくれるというものです。

上司と部下の関係なら、なおさらそうです。チームの苦境を冷静に受け止めてくれて、その局面打開に身を挺して貢献してくれる部下であれば、上司は大いに助けられます。

辛いのは直属の上司も同じなのですから、チームの決定に必ず従ってくれる部下には、上司も救われるのです。この部下に対する上司からの信頼度アップは間違いありません。

困難さを前に、なかなか言えない言葉です。それだけに値打ちがあります。

■相手のことを常に気にしていますと伝える

「ちょっと近くまで来たので、顔を見に来ました」

あなたのことを慕っていますという具体的アクションを示す言葉です。「社内営業」なんて言われ方もありますが、「社内営業」を馬鹿にしてはいけません。「社内営業」とは、社内においての自分のPRでもあります。他の人々に自分を知ってもらっているほど、自分のお願いで動いてもらいやすいのです。そりゃそうです。誰だか分からないのに、その人の依頼を聞くのは難しいですね。

「ちょっと、近くまで来たので、顔を見に来ました」

このセリフとともに、自分を職場に訪ねて来られたら、上司や先輩は胸が熱くなります。

しかも、**用事がないのに来てくれたとしたら、純粋に自分に会いに来てくれたことになります。そこが、相手の心を温かくさせる**わけです。

「顔を見に来ました」

この言い方で、あなたに会いに来ました、と明確に伝えましょう。恥ずかしがることはありません。相手は、自分の味方になって欲しい方です。

遠慮することなく、相手のハートのど真ん中に、あなたに会いたくて、やって来ましたと、好意のストライクボールを力いっぱい投げ込んだら良いのです。

相手は悪い気はしません。「忙しいだろう。わざわざいいのに」なんて言いながら、その表情は満更でもありません。

そして、相手が「ところで、最近はどうなの？」なんて聞いてくれたら、あなたは「実は、○○の件が大変でして……」と、今困っていることを話します。相手は、自分ができる限りのアドバイスをくれるはずですよ。ほら、ここで立派な味方になっているでしょう。

本当に活きた、貴重な情報は直接対面でしか手に入りません。相手に向って行動するところから、心と心の通じ合いがはじまるからです。本当の人間関係は、そういうところからはじまります。そんな人間関係からしか味方になってくれる人は生まれません。

■相手の意見を聞ける自分だと表現する

「○○さんのお考えを教えてくださいますか」

2人の人がいるとします。

・相手の話も聞かずに、自分の意見を声高に一生懸命述べる人

・自分の意見を声高に述べる前に、まずは相手の意見を聞く人

どちらの人が周りから愛されるでしょうか。どっちの人が味方になってもらえるでしょうか。

お分かりだと思いますが、味方されやすいのは、後者の人です。

誰でも、自分の話を聞いてくれない人の話は聞きたくないものです。

逆に自分の話を聞いてくれる人の話は聞いてあげようと思うものなのです。

これが一般的な人間の気持ちというものです。ですから、あなたは言葉で明確にどちらの自分なのかを宣言してしまいましょう。

もちろん、味方されやすいほうですよ。

「○○さんのお考えを教えてくださいますか」

こう言えば、相手は自分の意見を言いやすくなります。そして、相手の意見を聞くと表明しているあなたは、相手のことを理解しようとしている、と宣言しているあなたでもあるのです。

人によっては、自分の意見を言うことを遠慮してしまうタイプもいます。

あなたのほうから、「○○さんのお考えを聞かせていただけますか」と問いかけてもらえると、「そうですね。ちょっと言わせてもらうなら……」と、相手も言いやすくなります。

相手は、きっかけを作ってくれたあなたに感謝するでしょう。あなたに味方してくれる可能性がここから出てくるのです。

また、あなたも自分と異なる意見なのか、同じような意見なのかを先に知ることができる。あとの話の進め方を考えられるというものです。

これは、これからの仕事を進める上でも有益な情報ともなります。

■相手との距離をつめるきっかけを作る

「1分だけ、お時間いただいてもよろしいですか?」

相手との距離を瞬間的につめる魔法の言葉が「1分だけ」という言葉です。

ぜひ、**人差し指を立てて、相手に見せながら**言ってください。

言われた相手は、一瞬びっくりしますが、「何事か!」と引きつけられます。

相手とまだ基礎的な人間関係がつくれないとき、せっかく相対できていたとしても、もじもじしていては何も進みません。

相手が去っていったらそれまでです。だからこそ、言いたいことがあるあなたのほうから攻めのコミュニケーションの言葉を使いましょう。

「1分だけ、お時間いただいてもよろしいですか」と問うてみたら「何か?」相手はクールにこう言うかもしれません。でも、「1分ぐらいなら」と動きは止めて、あなたのほうを見てくれるものです。

そして、次に、

「いや、実は○○さんに一度、△△のことについて教えていただきたくて」

このようにテーマを明確にして、弟子入り宣言してください。素直に自分に教えを乞いに来ている人を、はなから邪険にはしにくいものです。

むしろ、あなたが相手より年下であれば、可愛く思ってもらえるかもしれません。あなたが相手より年上であっても、相手からは「なんて謙虚な人なんだ」と好感度がアップすることは間違いありません。

そう思ってもらった瞬間、相手との距離は確実に縮まっています。

■相手の話の力点をさらに際立たせるアクション

「今、何とおっしゃいましたか？　もう一度よろしいですか」

相手の話の核心を掴む言葉や、相手の話のある部分にスポットライトを当てる言葉を意識的につかいましょう。「○○さん、今、なんとおっしゃいましたか？もう一度、よろしいですか」

ある箇所を意図的に目立たせている点に注目です。相手からすれば、自分の話を真剣に聞いてくれている証になる言葉でもありますし、何より、自分の話の中でも、いちばん聞いて欲しいことに注目してくれるのですから、悪い気はしません。

人は話の核心の部分は、何度でも聞いて欲しいものです。聞いてもらって本当に理解をして欲しいのです。

だから、できることなら本当は何度も言いたい。それを言わせてくれるあなたに感謝したい気分になります。

「もう一度」と、あなたがこう問いかけてくれると、相手は「そうかい」と、また話ができるのです。

この問いかけのタイミングが分かっているということに、大きな意味があるのです。この部分が大事だと分かっているということなのです。

そして、相手から再度話を聞かせてもらったあとは、「ありがとうございます。おかげで大事なポイントが良く分かりました」と、きっちり反応を返しておくことを忘れてはなりません。このお返しをすることで、この場面での、あなたのパワーワードは完成します。

相手は、自分の話の中でも、大事な部分を的確に理解しているあなたのことを信頼してくれるでしょう。そんなあなたであると分かってもらえたら、味方になってもらいやすいのです。

■冷えかけたチームの温度を上げる

「ここが踏ん張りどころですね。がんばりましょう！」

仕事をしていると、いいときもあれば、そうでないときもあります。まさに山あり谷あり。

チームの状態もそうです。山あり、谷ありです。そんな谷のとき、すなわち逆境のときに、部下であるあなたから、「ここが踏ん張りどころですね。がんばりましょう」と言われたら、上司は勇気百倍です。

自分が励まさないといけないところを省いてくれているのですから、そういう部下には感謝、感謝です。

上司も人の子。部下には見せられないのですが、弱ってくることもあります。

そこをあなたの元気が出るひと言で持ち直させることができます。**「○○くんもああ言ってくれているのだから、自分もがんばらないと」のエネルギーが沸い**

てくるのです。

これは、上司だけでなく、周りのチームメンバーも一緒です。チームにとっても、あなたのひと言で、喝が入り、活気を注入することができるのです。チームリーダーを、そしてチームメンバーを元気にしてくれる存在であるあなたは、チームの仲間から、自然に味方されるようになります。

■自分勝手ではないWin-Winの配慮を示す
「これで○○さんにもいいことありますか?」

自己中心主義や自分勝手ではないことの証明宣言ともなるのが、「これで○○さんにもいいことありますか?」と配慮する言葉なのです。

常に、関係者への配慮を忘れていない人でないと、このようなことは言えません。共存共栄。双方どちら側にもメリットがあること。どちらも勝ちということで、「Win-Win」という言い方があるのですが、その精神が表れた言葉です。

打ち合わせ、協議、話し合いをしたあと、

「△△する」と結論が出たあとに、使います。

「これで○○さんにもいいことがありますか？」こう相手に問いかけます。

自分だけがいいようになっていないように、一人勝ちにならないように、という自戒の念を言葉にして発します。

交渉中、このように聞いてもらえるだけで相手も、心の根っこに残っていた気になる事柄を言うことができます。**このひと言を入れておくだけで、ただただ押し通されてしまったという印象は相手からなくなる**のです。不満も全部ではありませんが、かなりの部分を解消できます。

ひとり勝ちしないように相手にも気遣いができる、勝手な自分にならないようにとの自戒の念を持っていると認められた人は、相手からは信頼されます。

（あいつは自分だけがいいようにするものなぁ）

（あの人の話は、自部門の利益ばかりだからなぁ）
（あの人はいつもゴリ押しだ）

このような陰口を叩かれているようでは、真の信頼関係は結べません。

いろんな諸事情はあるのだけど、自分のことも考えてくれる。こういう人が味方される人です。それを分かってもらうための言葉なのです。

■ぶつかっても相手を立てることができればトラブルなし

「○○さんの言われることもなんとかしたいですね」

少しでも、相手の希望に添えるようにとの気配りの言葉が、「あなたの意見もなんとかしたい」です。

狭い道で車同士が対向したら、どちらかがバックして道を譲らないといけないことがありますね。それと同じ呼吸です。譲れるところは譲る。譲られたほうは必ず感謝してくれます。

ある話し合いで、相手の意見とは違う方向で結論がついたとしても、あなたが「○○さんの言われることもなんとかしたいですね」と言ってあげることです。

そう言われた相手は、「いやぁ、私の希望なんか気にしないでくださいよ」と言いつつ、心は配慮されたことを嬉しく感じてくれています。

さまざまな制約のある中での話でしょうから、できる・できないは検討の結果で分かりません。でも、せっかく表明してくれた意見を決して無視はしない。**なんとか取り上げていきたいとのあなたの気持ちは、相手の心に響く**のです。

そんな配慮をしてくれるあなただから、味方になろうという気持ちが巻き起こるのです。

課題を共有するためのパワード集

自分が認識している課題を相手も同じように認識してくれたとしたら、仕事は格段にやりやすくなります。やりやすくなるどころか他のメンバーの知恵を集めることもできます。

「よし、それ、一緒にやろうよ！」こう思ってもらえる。これが、課題の共有ができた状態です。それを可能にするのは、あなたのほうからのほんの小さな声かけからのことも多いのです。

言葉はここでも大きな力を発揮します。言葉を発していくことで、「それはいいよ」と一緒にやりたくないという気持ちを突き崩していきます。

■成功状態をビジュアル化して、みんなと共有する

「こんなことができたら。みんな嬉しいでしょうね」

成功した状態をできるだけ具体的に描いてみて、みんなと一緒に夢を見る、同じ空を見るための言葉が「みんな嬉しいでしょうね」です。

これが語れると、現実性のない絵空事ではなく、本当にできそうなもののとして理解してもらえる可能性が出て来ます。

「○○のようなことができたら、みんな仕事もさぞやりやすくなって、喜ぶと思うんです」

このようなことを言いながら、実現したイメージを相手と一緒に想像するのです。

でき上がった状態を荒削りでも「絵」にしていきます。相手がその実現した状

態の魅力に気づいてくれたときから、**一緒に実現するための同じチームの一員となってくれます**。「そうなったらいいねぇ」心からこう言ってくれたとしたら、それは、課題を共有できた瞬間です。

きっかけになったのは、あなたの言葉と、あなたが描いた完成図です。できないかもしれないとの恐れの気持ちを抱く必要はありません。積極的にどんどんと「こうなったらいいなぁ」のイメージを描き、口に出すことです。描けるところから、絵にしていけばいいのです。何を目指すか、何をつくるのかが、明確にならないと、相手は応援のしようもありません。

夢の「見える化」と考えてみてください。それが、ビジュアル化です。あなたの言葉で簡便に行うことができるのです。

■やる気がぐんぐん伝わる言葉

「私の立場だったら、それはやらないといけないと思うんです」

チームで取り組まないといけない課題を前に「えっ、私がやるのですか?」と反応する人の多いこと。

「なぜ、私がやらないといけないのですか?」やりたくないと逃げの姿勢をとってしまう人は少なくはありません。

そんな中、課題に取り組もうとする際に、「私の立場だったら、それはやらないといけないと思うんです」「それは、私がやるべき仕事です」、このように明確に言い切れる人の清々しいこと。自分の役割を積極的に、主体的に広げようとしてくれる人です。

こういう言葉を聞くと、周りも「君がそう言ってくれるなら」「あなたがそこまでやってくれるなら」と協力の姿勢をしめしてくれます。あなたがそれだけの役割を果たそうとしてくれているのなら、私も、と相手の方々も自らの役割を問い直してくれるのです。

「あなたがそれだけやってくれるのなら、私も……」と上司をはじめ多くの人が、協力の姿勢を打ち出してくれるでしょう。あなたの提示した課題は、完全に共有されたと言えます。

■困難な課題で相手の勇気となる言葉

「私でお役に立てるのなら、微力ながらやらせてくださいませんか」

課題を掲げて、その実現に賛同を得つつあっても、いざ、踏み出そうとするときは、その課題が困難であればあるほど、躊躇の気持ちが襲って来るものです。その前途の困難さにひるみそうになっているとき、あなたのこのひと言が相手の方に大いに勇気を与えて励まします。

「私で、お役に立てるのなら、微力ながらやらせてくださいませんか」

これは、**この困難な課題を一緒にやっていきたいというあなたからの強力な意思表示を表す言葉**です。

あなたが、真剣に「私でお役に立てるのなら、微力ながらやらせてくださいませんか」と言ってくれると、相手は、「微力だなんてとんでもない。君の協力があるとありがたいよ」と、あなたの意気に打たれるものです。困難な状況であればあるほどなおさらです。

そして、あなたの表明のあとは、あなたからの要望も受け入れてもらいやすくなるのです。

相手は、自分のために率先して汗をかいてくれた人のことは粗末には決してしないものです。あなたの課題の実現のために相手も協力してくれます。お互いに課題を共有し合ったわけです。

相手に協力して欲しければ、先に自分から相手にも協力することです。もらう前に、先に与える精神が大事です。仕事はかかわる人の気持ちで動きます。

■課題実現への燃えるような意志を表明する

「やるのは大変なのですが、何としてもやりたいのです」

あなたが課題を提示したときに、周りの人は、あなたにその課題をやり抜く覚悟があるかどうかを気にします。

それにともない、「その課題は実現されそうなものなのか」「自分も協力するべきなのか」の判断を、あなたの真剣さ、本気さでつけるのです。

ここは、炎のように気迫を発する必要があります。炎といっても、別に、大声でなくても良いのです。相手にしっかりと伝えられるようにしましょう。

そのためのキーワードが、「これだけは、何としてもやりたいのです」です。

人間は理屈だけでは動きません。感情の力で大きく背中を押されます。

本気さや真剣さが伝われば、相手に「それなら、何とか自分でできることはないか」との気持ちを引き起こさせることができます。

この気持ちが確かに起こったとき、相手はあなたと一緒に、あなたが提示したこの課題を一緒に実現しようと共有してくれています。

「○○○だったら、手伝えるよ」と相手から、こういう気持ちを引き出せたとき、あなたの掲げた課題は援助者を得て、実現へと大きく進みだすのです。

気持ち（ハート）を言葉に乗せて、思い切って相手にぶつけてみてください。

■一緒に課題を発見するための投げかけ

「○○さんもお気づきだと思いますが、ここが気になりますね」

会議中、自分だけがある問題を見つけると、それを指摘するのには少し勇気がいるものです。

「もしかして勘違いしているのは自分のほうなのかも」「みんな気がついていて

スルーしている箇所なのかもしれない」といった不安が生まれるからです。

そんなとき、相手を巻き込みながら問題の指摘をするいい言葉があります。

「○○さんもお気づきだと思いますが、ここが気になりますね」

相手に、「そうだねぇ。確かに言われてみれば気になるねぇ」こうレスポンスしてもらえると、**共に感じながら、提示した課題の意味合いを理解してもらうことが可能になる**のです。


「うん。どうしてあなたがこのことに、強くこだわるのかが、良く分かったよ」とか「確かにそうだね。これは気になる！」このようなことを相手が言ってくれたとしたら、あなたが提示した課題を共有してくれていますし、その人はもうあなたの支援者になってくれています。

人は気づいたところから、その問題を自分事として捉えます。

良い結果を生むために掲げる課題です。

どうぞ遠慮せずに、力を貸して欲しい方々にも、その意義について気づいてもらうべく、「お気づきだと思いますが」と投げかけていってください。

チームワークを引き出すパワーワード集

「人を動かし組織を動かす」これ、すなわちチームワークを引き出すことに通じます。

チームワークを引き出すために、周りの人に明確に働きかけをしていきましょう。

ここでは、ビジネスシーンにおいて、良い結果を生むために効果的な働きかけとなる言葉を紹介します。

具体的に、どんどんアクションしてみてください。短い言葉でもあなたの気持ち（ハート）を乗せて、相手の方々の胸に投函できると、相手は受け取ってくれます。受け取ってもらうところから、相手の行動力を呼び起こします。

■お頼みの技術──1

「すいません。ひとつお願いをさせていただいてよろしいですか」

当たり前のシンプルなお話をします。

自分にできないことは、できる人に頼むこと。これができない人は、自分ができることの範疇までが限界線となり、仕事の広がりがそこで止まります。

他の人に頼める人こそが、仕事の範疇を格段に広げてゆけます。

頼みごとは、遠慮せずに具体的明確にお願いの言葉を送ることです。

「察してください」という呼吸は、若手のうちは、まだ覚えなくてよろしいです。

まずは、自分から遠慮せずに表現することをマスターしてください。

「すいません。○○さんにひとつお願いをさせていただいてよろしいですか」

ズバッとリクエストすれば良いのです。**たくさんじゃなく、「ひとつだけ」とお願いするのがポイント**です。

相手の返事がちょっとドキドキですが、このように明確に意思表示をしてみることです。相手の方もハッキリ言ってもらえないと、分からないことも多いのです。

もちろん、頼むだけでは、相手の方が協力してくれないのは、今までも述べてきたところです。「いや、困るよ」と言われるのか、「君の頼みなら……」と言われるのかは、相手から見た今までのあなたの評価の現われです。

しっかり行動して（Give）から、しっかり行動してもらう（Take）のが、人と組織を動かすコツです。

あなたが後輩社員であれば、先輩から可愛がってもらうコツでもありますし、先輩であれば、後輩がお世話になった先輩に一肌脱いでくれるコツです。お互いを支え合っての組織人です。

勇気を出して、お願いごとを言って、「よろしくお願い申し上げます」と心から、頭を下げてお願いをすれば、相手にとってとんでもないお願いごとでない限り、何らかの協力は検討してくれるものです。

いい意味で自信を持って、言葉を発してみてください。

相手から反発されると思いきや、勇気を持って発してみると「何だ。そんなことならもっと早く言ってくれたらいいのに」と言われこともあるのです。

失礼なことをしているわけではありません。チームの仕事を進めるためです。

自分の先輩・上司は、仕事が進まないほうが困ると思っておいたら良いのです。

遠慮は一切無用です。安心して頼んじゃってください。

■お頼みの技術――2

「○○さんにお願いできれば、もっといい仕事になると思うんです」

自分がやるという意思表示をしながら、相手の技量をさりげなく賞賛して頼む方法があります。

「私がやろうと思っていたのですが、○○さんにご協力いただければ、もっといい結果がでるような気がするんです」と言うのです。

こう言われて、断れる人もなかなかいないかもしれないですね。

「まったく、君も口がうまいな」なんて笑顔で反応してくれると、あなたの依頼を受けて、相手は既にエンジンをかけてくれている証拠です。このあとは、あなたのために確実に動いてくれることでしょう。

チームワークは一面、効率的な分業の世界でもあります。特定の人が何でもやっている状況は良くはありません。

適材適所、どの場面で、誰が、どの部分（仕事）を担当するかが、良い仕事を仕上げることができるのかのポイントでもあります。このセリフをさらっと言えるというのは、チームで実施する仕事のキャスティングが具体的にイメージできているということにもつながります。

お願いをされる相手の人も、しっかりした力を持っているあなただから聞くのであって、ただ単に邪魔くさいこと、難しいことの押しつけであれば、良い感情は持ちません。

あなたの依頼をすぐに受けてくれるというのは、あなたを信頼しているし、力量を評価してくれているということです。

■チームメンバーの力を集めるために

「みんなでやったら、こうできますよ」

立ち上がった仕事を、どのような人たちで、何人で、どのように分担したらうまくいくのかは、案外分かりにくいものです。そのときに、「みんなでやったら、こうできますよ」と、具体的にデザインを示すことができたら、物事の判断が一気に進みます。

この言葉は、チームで行う仕事の全体像を明らかにするメッセージなのです。

オーケストラで言えば、指揮者。映画でいえば監督。チームワークをつくる場面には、そのチームが進むべき方向を示すリーダーが必ずいます。

あなたが、**リーダーでないとしても、その役割を補佐することができます。**

リーダーに代わって、絵を描いてあげることもチームメンバーはしていいと思ってください。チームの仕事を仕上げるためです。気づいた者がやればいいのです。

ただし、決定を下す役割はリーダーだということをお忘れなく。リーダーに適切な良い決定をしてもらうサポートが、チームメンバーのあなたの大きな仕事でもあります。

■チームの中での上手な使われ方

「私にできることがあれば、何でもおっしゃってください」

あなたが、「まだまだ力不足ですが、私にできることがあれば、何でもおっしゃってください」と表明したとします。

すると**チームリーダーは、あなたという自由に使える駒を得たことで、役割の分担を考えるキャスティングがしやすくなる**のです。

と、言っても安心してください。できもしないことは、案外頼まれないものです。リーダーも人を見ているものです。できないことを頼んでしまったら、チームが困ることを知っています。

あなたの表明で、他のメンバーもわがままが言いにくくなります。

「○○くんが、何でもやると言っているんだしな」と、自分だけが勝手なことは言えなくなります。

これで、全員がフォア・ザ・チームに徹することが可能になってきます。チームの編成は進みやすくなり、チームリーダーはあなたに感謝です。

あなたのチームワーク力は大きく引き出されます。これは、あなたのおかげでもあるわけです。

■暴走や独走はしない人だと印象づける言葉

「△△したいと考えているのですが、よろしいでしょうか」

組織プレーといくら言っていても、独断専行、暴走独走してしまう人はどこのチームにも1人や2人は必ずいます。

それも、その人の勝手な思い込みのもとでの「使命感」で突っ走ってしまっている場合は、言い方はキツイのですが、実にタチが悪いものです。

そうなったら、本人も不幸です。良かれと思ってやっていることが、そうではなくなっているのですから、やればやるほど怒られることになります。

そうならないためにも、

「△△したいと考えているのですが、よろしいでしょうか」

という言葉を大切にしましょう。

暴走、独走する人がいる中、組織（チーム）の承認を取る言動は、チームリーダーを大いに安心させることができます。聞いてもらえることで、チームリーダー自身もチームの考え、方針を説明することができます。

暴走や独走してしまう人は例外なく、チームの方針を違えています。

方向違いになりますから、同じチームの者に間違えられると困るのです。

あなたも言葉を発して、チームの承認を得る手続きの中で、チームの考え方を改めて深く確認できます。方向を違える可能性を防止できるのです。

■会議にはしっかり参画していることを証明する

「念のため、確認させていただいてよろしいでしょうか」

会議の中で、または会議ほどではないにせよミーティングの中で、「念のため、大事なことを確認させていただいてよろしいでしょうか」これをしっかり言ってくれるメンバーがいると、チームは引き締まります。

裏を返せば、それだけ日頃、確認しないまま走ってしまうことが多いということなのですが、このように確認を密に行うと不具合も未然に防げるというものです。

複数の人間で仕事をするということは、その人数が多くなるほど、くどいぐらいに、方向のズレがないように確認が必要なのです。

分かっているつもり。

この「つもり」がクセモノです。大概のトラブルは、この**「つもり」のズレ**から起きていることを忘れてはいけません。

あなたのこの言葉をきっかけに、話される事柄の中で、分かっている「つもり」の「つもり」が取り除かれます。

■チームの異常飛行を防止する目的確認

「そもそもこのチームはなんのためのチームでしたっけ」

チームでの活動において、不幸にして、ときにはその活動が紛糾してしまうこともあります。

原因のひとつに、「船頭多くして船山に登る」の危険が発生しているということが挙げられます。チームメンバーそれぞれが、認識している目的がずれている可能性があるときです。

そんなときあなたの次のひと言がチームメンバーに方向性を再確認させることになるのです。

「すみません。そもそもこのチームは何のためのチームでしたっけ」

ひょっとすると周りを一瞬、絶句させるかもしれません。しかし、これは、燦然たる輝きを放つ言葉と言えるのです。

たとえば、こんな場面です。チームの中で仕事の進め方について、メンバー間の意見の対立が激しくなり、ミーティングも紛糾気味になっていたとします。

あなた「ところで、今更ながらなんですが、そもそも、うちのチームの目的はなんでしたっけ？」
相　手「今ごろ、何を言っているんだよ。業務の効率化を図り、活き活きとした職場環境を実現する、だっただろう」
あなた「そうですよね。考えてみれば、私たちはさっきから効率化の数値の話ば

かりしていますけど、それで、活き活きとした職場環境に通じるのですか」

相　手「う～ん……言われてみれば確かにそうだな。工数削減の数字をつくるのが目的じゃないもんな」

このような問いかけがあれば、本来の目的（＝ホームポジション）に戻れるものなのです。しかし問いかけをされることもなければ、堂々巡りの非生産的な論議をしてしまっている職場が多いようです。

このあなたの問いかけの言葉が、本来必要なチームワークを引き出すのです。

■チームの統制を明敏にする　フォロワーの自分を宣言する

「リーダーの○○さんに従います」

チームメンバーの行動に対する決定権はリーダーにあります。

「リーダーの○○さんに従います」という言葉は、リーダーをサポートするフォロワーとしても自らも責任を取るぞと、決意表明していることになります。

あなたが、バシッとこのように宣言すると場は引き締まります。一番引き締まるのはリーダーでしょう。**自分がついていますから、どうぞリーダー、自信を持ってしっかりと決定してくださいとの意思表示**でもあるのです。

強いチームワークは、リーダーの腹のくくり方から生まれます。それを引き出すのは、こうした**心強いパートナー的フォロワーのひと言**でもあるのです。

自分の意見を好き勝手に放談し、リーダーは間違っているという論法ばかりの人がいます。リーダーが悪いと思うなら、フォロワーとしては、「従う」ために、分かってもらえるように懸命の説明をするべきなのです。単なる批判者となっては駄目なのです。腹の底で、このリーダーを何が何でも支えるという気持ちがないのです。

「リーダーの○○さんに従います」こうスッパリと言える人は、ある面、腹が据わっています。「従う」ために建設的に意見を述べていけば、自分を支えると決めてくれている人なのですから、リーダーは聞いてくれます。腹が決まったという宣言は、力を持ったメッセージです。

■キーパーソンの助力を最大限引き出す

「○○さんの助けがないと、この仕事は絶対仕上がりません」

どうにもこうにもチームの仕事が暗礁に乗り上げたときに、力のある他者の援助をなんとしても引き出したいものです。

「○○さんのお力を貸してもらえませんか？　○○さんの助けがないと、この仕事は絶対に仕上がりません」と思い切って伝えましょう。

この言葉は、○○さんに多大なご迷惑をおかけしてまでも、この仕事を何としても仕上げたいという決意の表れです。

仕事はいつも順調には進みません。むしろ、そうではないことのほうが多いものですね。どうしようもないピンチに襲われることもしばしばです。

そんなときに諦めるのか、「いやいや負けないぞ」と踏ん張るのかがチームに問われます。

「何卒、お助けくださいませ」この心の叫びが、他者の心を動かしてゆきます。

あなたが、これはと思う人にこう働きかけることで、相手の方も一肌脱ごうかと考えてくれます。本気で必死で働きかけてきているかどうか、相手はじっとその様子を見ています。

相手にとっても、この要望を受け入れたら、自分も余分な仕事が増えて大変になるのです。簡単には、返事はできません。

「助けていただいて、絶対、何としてもこの仕事を仕上げたいのです」言い換えれば、この気持ちを表す言葉なのです。こういう言葉が、困難を前に、人を動かします。

■人は人に影響されることを効果的に活用する

「〇〇さんもそうおっしゃっていました」

人間というのは、複雑なもので、あなたの言っていることがいくら理に適っていて、理路整然としたものであっても、それだけでは納得してもらえないことが往々にしてあります。

あなたにとってみれば、「そんなに信頼してもらえていないのかな」と寂しさを感じるかもしれませんが、そう感傷的になっていても物事は進みません。他の説得材料があったほうがいいのかなぐらいに思ってください。そこで、次の言葉を活用です。

「〇〇さんもそうおっしゃっていました」

チームの中で合意をつくってゆくときに有効な言葉です。

「○○さんが、そう言っているのなら」と、この材料だけで、ストンと納得することもあるものです。それだけ、○○さんの信用が絶大だということなのでしょうが。もし、そうであるのなら、活用しない手はありません。

もちろん、本当にその人が言っていたことしか通用しません。しかし、逆をいってしまえば、相手人を納得させることができれば王手をかけられるということなのです。あなたの意見をチーム内で通すことが容易になります。

周りを観察して、上手に巻き込んでいく力もつけていきましょう。

第4章

あなたの評価を上げる
シンプルな法則

ここでは、視点を変えて、あなたの評価が上がり、意見を上司に聞いてもらいやすくなる感覚、センスとはどのようなものかについての知恵を授けましょう。今までは、テクニック的な事柄を中心にお話ししてきましたが、これからの仕事を進めていく上での「視野」の持ち方といったところを、ここで、少し大きくとらえてもらいたいと思っています。

この本では、「組織（チーム）」を理解する大切さについて、何度も取り上げてきました。大事なことなので、くどいぐらい敢えて取り上げて来たのだとご容赦ください。

組織を理解できている人は、必要な人に、必要なとき、効果のある伝え方で、コミュニケーションをとり、必要な組織を的確に動かしていきます。

逆に組織を理解できていないと、どんなときに誰とコミュニケーションをとって組織を動かしてゆくのかが、分からないということになります。

この本では、会社組織の中でのコミュニケーションのとり方についても、お話をさせてもらってきたわけです。

組織を理解できると、組織人としての行動を取る上で、大きな失敗を引き起こす可能性を大きく減じることができます。組織を理解できればできるほど、仕事はやり易くなりますし、あなたの意見は聞いてもらいやすくなります。そこで、組織の理解の大切さを学んでもらったあなたに、さらに贈りたい知恵があるのです。

会社を伸ばせば評価も上がる

評価をするのは上司ですが、その印象を変えるためのシンプルな法則をお話ししましょう。

あなたの評価を上げるためには、**所属部門の評価を上げること**です。

そして、所属部門の評価を上げたいのであれば、**会社全体の評価を上げること**です。

簡単に言うと、会社の業績を伸ばして成長させれば、あなたの評価は自然と上がるということです。

そのためにはまず、あなたの所属部門の仕事を仕上げるために、自分が受け持

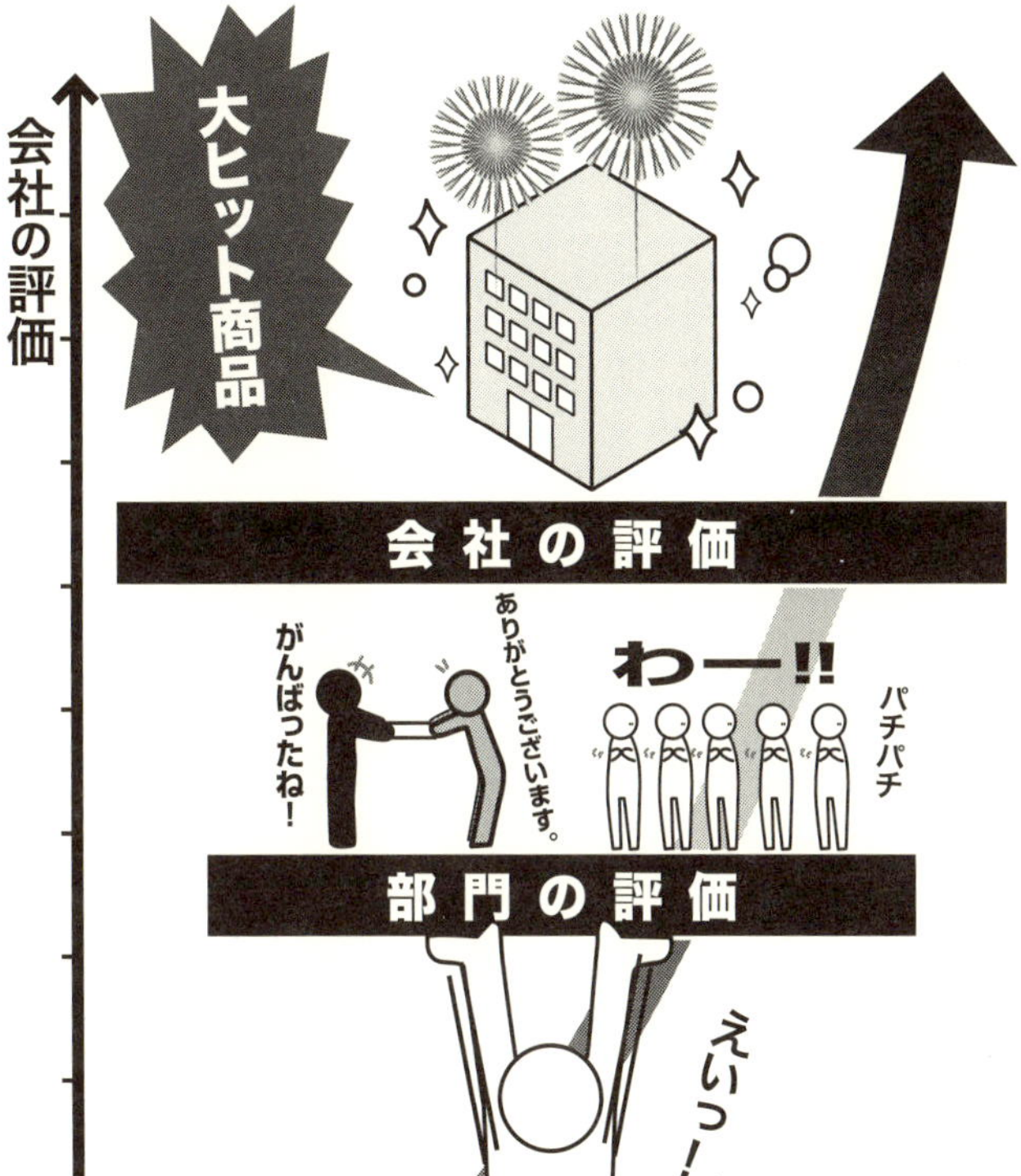
会社の評価
大ヒット商品
会社の評価
がんばったね！
ありがとうございます。
わー!!
パチパチ
部門の評価
えいっ！
あなたの評価

つ仕事を上司とともに、質高く仕上げるのです。

あなたが、受け持つ仕事とは、大きくは次の2種類に整理できます。

・あなたが受け持つ仕事は、あなたが上司から託されるもの
・あなたが自発的に見出して、上司に取り組みの承認をもらったもの

上司からオーダーされたことを、迅速正確に仕上げることがひとつ。

もうひとつは、自分から創り出すものです。上司から言われたことだけではないということに注目です。上司からオーダーされたこともあなたを信頼して託されているということにも注意してください。

上司は、自分の、ひいてはチームの仕事を仕上げる力になってくれる部下であるあなたのことを、大事にしています。

そうは見えないとあなたが思っていたとしても、内面はそうなのです。あなたがいなければ、誰か代わりの人があなたの仕事をしないといけないのです。その代わりをするのは、あなたの上司である可能性もあるのです。

自分の知らない部分をカバーしてくれて、チームとして取り組むべき問題を発見してくれて、具体的な課題にして提起してくれるあなたであれば、なおさら、上司は、心密かにあなたを頼りにしています。

ここからは、そんなあなたになるために必要な感覚、センスのお話です。既に自分に、それがあるのが分かれば再確認してＯＫ！

センスがないのが分かれば、今日から常備してもらえればＯＫです。

お客様から給料をもらえる自分になる

給料が出ているのはどこなのか、という質問を、あなたは、その昔、新入社員研修の場面で聞かれませんでしたか。もし、その場にいたとしたら、あなただったらなんと答えるでしょうか？

あなたの給料の元を上流まで辿れば、答えはすぐに出ます。あなたの会社にお金を払ってくださるところですね。そう、お客様です。

今まで、何度も目にしてもらった表現、そう「発注主」。お客様は、実は、あなたの会社に対しての、いちばん最初の発注主でもあります。

お客様は、期待に応えてくれた対価として、報酬をお支払いくださいます。期待に応えた提供価値でなければ、報酬は払ってくれませんし、まして、払い続けてくれるためには、期待に応え続けねばなりません。

この当たり前のベタな問いかけに対する答えがすぐに出て来ないとしたら、それは自分とお客様との間にあってはならない距離があると考えるべきです。


あなたが個人商店を経営しているとしましょう。そこで、自ら商いをやったら、このことは、すぐに分かります。相対するお客様があなたの納品を受け取り、納得しなければ支払いはしてもらえません。当たり前ですが、あなたの店に、お金は入って来ないのです。

シンプルな原則がそこには横たわっています。お金をもらえなかったら、あなたの商店は潰れます。その前に、仕事を発注してもらえなかった時点で潰れます。厳しいサバイバルの状況がそこにはあるのです。さて、「あなたの店は生き残っていけるのか！」が日々問われるわけです。

会社に身を置いて、働いていると、この辺がイメージしにくいのかもしれません。個人ではなく、自分を含めた組織で、お客様に当たっているとイメージしてみてください。あなたが、組織の中であなたの役割を果たすことで、あなたが所属している組織全体が役割を果たすことができます。組織は役割が有機的に結合し合った集合体なのです。

組織の中で、自分が貢献する対象という見方も持ってみることもおすすめです。

この対象を「**貢献対象**」と呼びます。あなたの仕事は、社内のどこの部分の仕事を進めるのに、役に立つのかということです。貢献対象は同じ社内とはいえ、あなたへの発注主でもあります。

Aには、Bという貢献対象があり、そのお役に立つのがAの使命である。
Bには、Cという貢献対象があり、そのお役に立つのがBの使命である。
Cには、Dという貢献対象があり、そのお役に立つのがCの使命である。

組織はこの役割の連鎖。責任のバトンタッチです。貢献対象は、例では、AにはB、BにはC、CにはDと、ひとつだけを記しましたが、これはひとつとは限りません。

あなたは、自分の貢献対象を正しく認知できていますか？

今から、一枚、紙を持って来て、その上に書き出してみてください。部門、部署名でも結構ですし、自分の仕事で関係する社内外の方々の名前でも結構です。さらさらと書き出せるかどうか自分でチェックしてみてください（すぐにできて、すぐにレベルが分かるのでお奨めです）。

認知できていたとしたら、「貢献対象から、『よくやってくれているね』と納品合格をもらえていますか？」と自分に問いかけてみてください。

あなたの会社では無いかもしれませんが、いつも他部門の悪口で盛り上がっているという職場があります。実は、これ、よくあるパターンなのですが、メーカーで「営業部門」と「製造部門」、あるいは「技術部門」が敵同士になっているような会社です。お互いが「あの部門さえなければ」と密かに罵りあっている。これって、貢献対象という考え方から見ると、おかしいですね。でも、貢献対象というより、実態は、敵同士という関係になっているというのは少ない話ではありません。

貢献対象の感覚が分かっていて、着実に貢献に寄与できる行動ができる人は、自然に評価は上がっていきます。

組織を理解すると、自然にこれができるようになるのです。

部下と上司の「視点の違い」が分かる

あなたが上司に聞いてもらいたい意見というのは、そもそも、会社を伸ばすためのものですね。例によって「当たり前じゃないか！」と言われてしまいそうですが、この「そもそも」が肝心です。

さて、ここで注目して欲しいのは、「視点」です。

部下の視点と上司の視点は違うということです。**「視点」が違うから、意見の内容は変わります。**「違い」はあって、当たり前。ぴったり一致なら、あなたは上司と同じ目線に立った考え方ができているということです。「上司が自分の言うことを分かってくれない」というのは、考えてみれば至極当たり前のことなのです。

ただし、あなたが提起する「違い」が大切なことがあるのです。上司にすれば、「なるほどねぇ〜。そういうことがあったのか」だとか、「そんな考え方もあるね」と部下であるあなたから、上司も教わることも多いのです。この「違い」が大切だし、ここに、意味があるのです。

上司との「違い」は、あって当たり前です。そう思って、あなたがそれを肯定的に受け入れることができると、見えるものが変わってきます。

視野の広さ、幅。今このときだけでとらえるのか、数カ月スパン、あるいは年間レベルでとらえるのか、どこまでを範囲と見るのか「視点」には、幅の違いと時間軸の長さの違いがあるということも、あなたの引き出しの中に入れておいてください。

上司に自分の意見を反対されたら、即座に嫌になるのではなく、不愉快な表情をするのでなく、「それは、どういうお考えからでしょうか？」あなたの上司に、にこやかに、真剣に、こう投げかけてみてください。

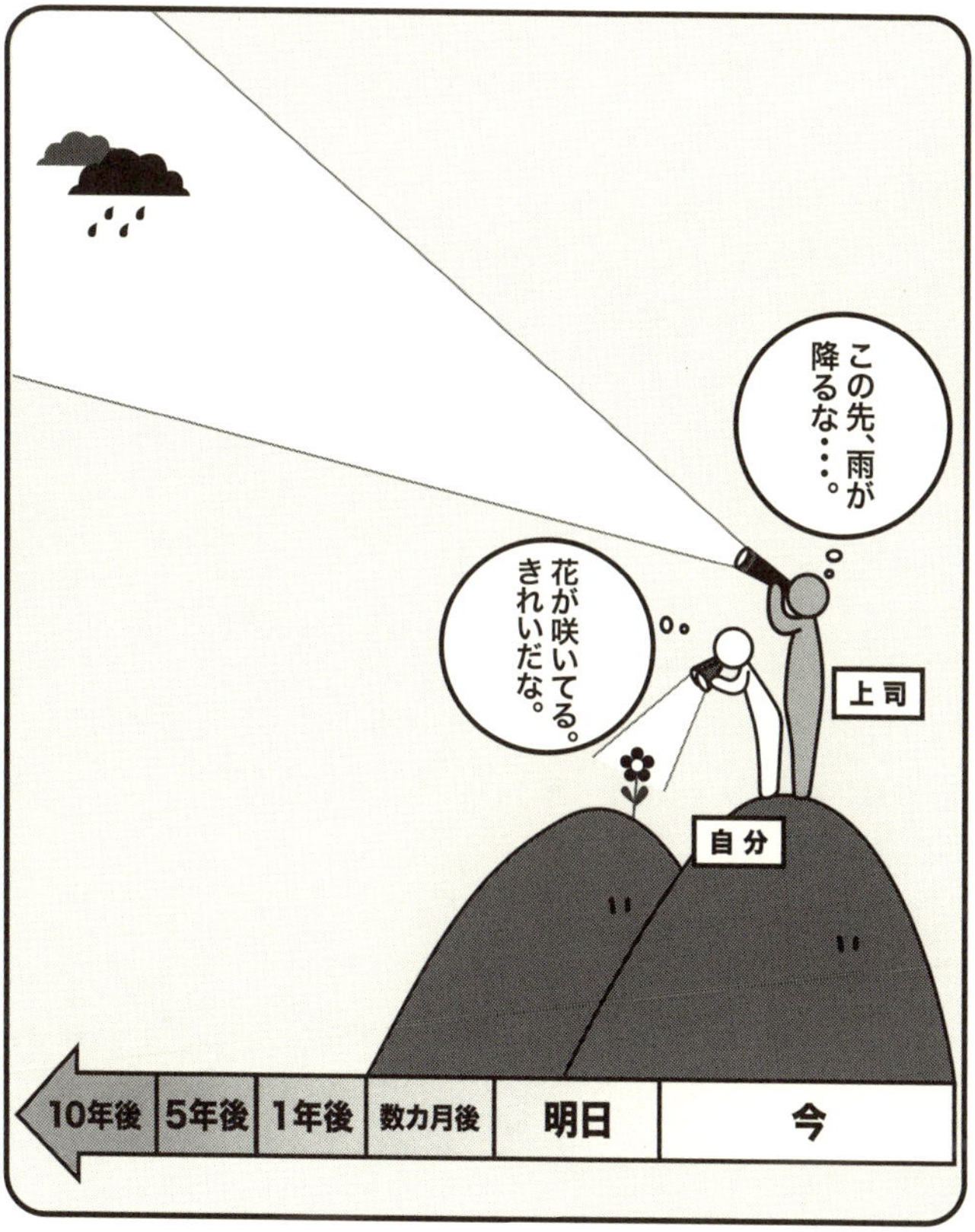
この先、雨が降るな・・・。
花が咲いてる。きれいだな。
上司
自分
10年後
5年後
1年後
数カ月後
明日
今

そうやって聞いてみたら、上司の持っている「視点」が分かります。「なるほど、そういうお考えだったのですね」理解できたら、明確に了解しましたとレスポンスしてください。ここが、あなたと上司が通じ合えた瞬間です。同じチームとして動き出した瞬間です。

こういうアクションがとれた賢明なあなたなら、あなたの意見が上司の心配事、関心事にどう役に立てるかを冷静に見通せることでしょう。

役に立てないことが分かったら、「すみません。私の考えはピント外れでした」と明確にお詫びのレスポンスをしてください。

「いやいや、それはそれで大事だよ」と、上司が言ってくれたら、それはあなたの評価が上がった瞬間です。

「えっ！　たったそれだけで」と思うかもしれませんが、この大事なことをすぐに分かってくれたというのが、十分な評価に値するのです。

「さまざまな視点を受け入れられる柔軟性を持っている」

「上司の視点を反映して、自分の業務を組み立てることができる」

あなたの評価はこのように加点されていきます。評価のことはさておき、何より上司と心が通じ合えたら、嬉しいですね。これが一番のごほうびです。上司もあなたと心が通じ合えて嬉しいのです。

好き・嫌いで仕事を選ばないとやりがいが出る

いくら注意しても、人間、そのときの感情で判断してしまうことがあります。そのときは、ついつい判断の基準が好き嫌いになってしまうことがあり得ます。「私心」という言葉があります。個人として、いろんな考えを持つのは自由なのですが、職場においては、組織人に徹しないといけません。チームの中では、チームメンバーに徹しなくてはいけないのです。「私心」をなくして、純粋にフォア・ザ・チームの精神に立てるかが問われます。

自分がいいだけでは、組織はうまく機能しません。**自分の身の回り部分だけの最適ということではなく、全体が最適になっているという状態を目指さないといけません。**

チームの成功を自分の喜びとできるかどうか。他者はじっとここを見ています。

「この通りにやってもらえないと、私が職場にいられなくなるのです」泣き落としとでもとれるような言い方ですが、頼みごとをするのに、このような論法を採る人がいます。

「そりゃ、かわいそうだ」と相手は、言うことを聞きますでしょうか。実際は、聞いてもらえないことが多いのです。「私」の部分が強すぎるのです。「それはあなたの事情でしょ。こっちには関係ないよ」厳しい言われ方ですが、これが相手の本音です。

ところが、「私」を捨てて、役割で、純粋な使命感で動いている人は違います。

「公」の役割で動く人には、「公」の役割で応えてくれるものです。

「私、○○（自分の名前）として」という感覚ではなく、たとえば「総務部管財グループのスタッフとしては」といった自らが担っている役割での行動です。これが、「公」の役割の動きです。

現実には、そうは理想的には進まないかもしれませんが、少なくとも「公」の役割でアプローチされれば、相手も自分の「公」の役割の立場では冷静に検討してくれるものです。「総務部管財グループの資産管理担当として」とアプローチされて、個人の「○△◆■」と答えるのと、「経理部会計グループ資産税担当として」と答えるのでは、違ってきます。純粋な役割で考えるので、変な「私情」が入り込みにくくなります。お互いが、役割を果たすための熱くもあり、良い意味で冷静な協業が行われやすくなります。

人間も生身の動物ですから、好き嫌いが行動を支配してしまうことは確かにあります。でも、カーッとなっても冷静さを取り戻せたら「役割」で考えることができるのが人間と他の動物との違いです。

「わたしはあの部長は大嫌いだ。でも、あの人が○○部の責任者として、今、やろうとしていることは正しい」こんな判断ができるのは人間ならではです。

意見を聞いてもらえる存在になる

あなたが会社を成長させることを真剣に誠実に求めていることが、上司を含め、周りの方々から認められたとしたら、そこから自然に、あなたの意見は、会社を成長させるためのものであると思ってもらえます。

そうなると、会社を成長させるための貴重な意見なのですから、あなたの意見を無視するわけはありません。意見を聞いてもらえる存在のあなたが、ほら、そこにいるのです。

この本を読み進めていただいて、「組織人」というものについての理解は深まったでしょうか。

読みようによっては、この本の著者は、自分という人間の個性をなくせと言わんばかりのことばかり言っているなんて思っていないですか？

実は、これ会社に入ったばかりの社員さんがよく抱きがちな誤解の代表例です。組織人となれというのは、何も「金太郎飴になれ」「リモートコントロールされるロボットになれ」、と言っているわけではありません。あなたの「感情」を殺せとも言っていません。

今まで培って来たあなたらしさというものは、どうか忘れずに大切にして欲しいのです。

組織人とは「役割」で動く人のことです。自分に与えられた「役割」を忠実に果たし、組織の使命を達成する。これです。組織人になった瞬間から官公庁、公益団体だけでなく、民間企業に勤める身であっても、組織人の意識はその組織の中では、「公人」であると考えてください。

あなたの所属する組織において、あなたは、要請された「役割」を担う「公

人」なのです。この意識をしっかりと持てたなら、上司への意見具申はスムーズに進みやすくなります。

組織（チーム）を良くする存在であるあなたなら、あなたの提示する意見は、組織（チーム）を良くするものとなります。

そういうあなたになれたのであれば、それは、もう上司に自然と意見を聞いてもらえる存在のあなたへと、脱皮しているのです。

仕事は本来楽しいもの

今更ながらですが、この本を手に取ってくれたあなたは、おそらく、自分の意見を上司に聞いてもらいたいと真剣に思っている人だと推察いたします。

そういう人は主体的に、前向きに仕事をしたいという気持ちをしっかりと持っている人ともいえます。立派なものです。そんなこと思わない人は、意見を聞いてもらいたいとは思いません。「言われたことだけを淡々とやりさえすればいい」とさえ思っているかもしれません。確かにそういう人はいます。

これは、職業観とでもいうもので、個人がどのような考え方をするかについて、私は批判するつもりはありません。

でも、それで本当に楽しいのかな？　とは思ってしまいます。

本来、仕事というものは楽しいものだということを、改めてあなたの耳に入れておきたいと思っています。

意見を聞いてもらいながら、相手の意見も聞く。お互いの理解を深め合い、お互いの視野の違いも分かり合う。そして視点の違う考えを混ぜ合わせながら、チームの力で大きな仕事を成し遂げてゆく。これが、会社で仕事ができる醍醐味です。

こんな仕事の進め方ができたら、毎日、楽しいですね。

夜、寝床につくとき、
「よし、明日はこれを提案してみよう」
朝、家を出るとき、
「よし、今日はこれを係長にぜひ聞いてもらおう」

いつも、こんなことを考えられる職場環境は最高です。

「この仕事はホントに苦労したけど、でき上がったんだ」
「この仕事は、うちのチームでやったんだよ」
こう誇らしく語れる仕事の経験はサラリーマンの勲章であり、あなたが立派な組織人であることの証です。

「楽しく仕事をするために〜」のテーマが、この本の根底に流れていたことを感じていただけたとしたら、嬉しく存じます。あなたに少しでも楽しく仕事をして欲しいと願っています。

上司だって、あなたの意見を聞きたがっている

この本を通じて、「上司も人の子である」と良く分かっていただけたでしょう。部長だ、課長だ、係長だといっても、上司も人の子、実は不安なものなのです。自分だけの仕事ではなく、あなたを通じて、チームの仕事を仕上げるという大きな責任を負っています。これは、大きなプレッシャーなのです。

管理職の上司は、経営の戦略や方針を経営トップから伝えられ、その具現化を日々強く求められています。

現場の事情を的確に反映させながら、経営の推進に貢献していかないといけません。

管理職は、経営と現場をつなぐ役割を求められています。現場の実情を分からず、現場の情報を正確に持っていないまま、経営の意向を実際の業務に反映させていかなければならないとしたら、それは、不安この上ないこととなります。

自分ひとりだけでできる仕事ならどんなに楽なことかと、管理職である上司も思います。単独活動だけでは、できることに限度があります。チームでやるからこそ、大きな仕事ができるのです。

部下には上司の力が絶対必要なように、上司には部下の力が絶対必要です。

現場から離れざるを得ない上司にとっては、現場のお宝情報を入手して届けてくれる部下であるあなたの力は絶対に必要です。上司は、部下であるあなたのこと、実は頼りにしているのです。

あなたは、上司が知りたくても知り得ない現場の生情報に触れることができます。

実は、上司だって、あなたの意見を聞きたがっているのです。

自信を持って、意見を提供してあげてください！

上司との信頼関係を築く小ワザ

人間は、自分の話をしたい動物です。話をしたら、自分が送ったメッセージをしっかり受け取って欲しいと切望します。これが、聞いて欲しいという気持ちです。自分の話を相手がじっくりと聞いてくれたとき、話し手は大きな幸せを感じます。

「場」があれば、これができる。その場のひとつが「**飲みニケーション**」です。要は、上司との飲食を交えながらの気楽な語らいの場です。話し手が大きな幸せを感じる場でもあるのです。では、話を聞かされる方からは、どうなのか？　が、ここからのお話です。

さて、この「飲みニケーション」という言葉。最近では、何やら、死語の趣が漂っている言葉らしいですね。昭和の香りがする言葉でもあります。「同じ釜の飯を食う」もここに加えてもらいましょうか。

ここからの話は、昭和の先人の知恵を活用することと受け取ってくださいね。

上司との飲み会。酒の好きな上司にとことん付き合い、その話を延々と聞かされる。考えただけで、嫌になる方も多いことでしょう。「仕事が終わったあとまで、勘弁してくださいよぉ」と部下から嘆きの声が聞こえます。

ところが、こういった触れ合い、悪いことばかりでもないのです。**接する時間が長くなるほど、一緒に飲み食いすればするほど、距離感というものは、近くなってくる**ものではあります。ちょっぴり家族的な雰囲気になるとも言えますでしょうね。

この場は、仕事ではいろいろあるけど、お互いに「悪い人じゃないよな」「この仕事はこの人と一緒にやるんだ」「仲間だよな。チームだよな」このような感覚を作り出します。もちろん、厳しさ抜きの馴れ合い集団になってはいけませんが、仕事を一緒にする者同士の基盤になる信頼関係は作られます。

こういうのがまったくないと、真剣勝負のやりとりのみで仕事を進めて行くことになります。

完璧な対応ができない部下がいたとしたら、上司は部下とやりとりする度に、怒りで炎上続きとなることでしょう。上司は「使えない奴だなぁ」とイライラし、部下は「何だよ。この人、無理ばかり言って」など。ギスギスとした職場環境はこのように作られていくのです。

人間の集まりですから、緊張ばかりではもちません。たまには、「遊び」を入れてゆるめることも大切です。

企画会議
誰か、しゃべって!
何か、意見を…
キマヅイ…
うーん

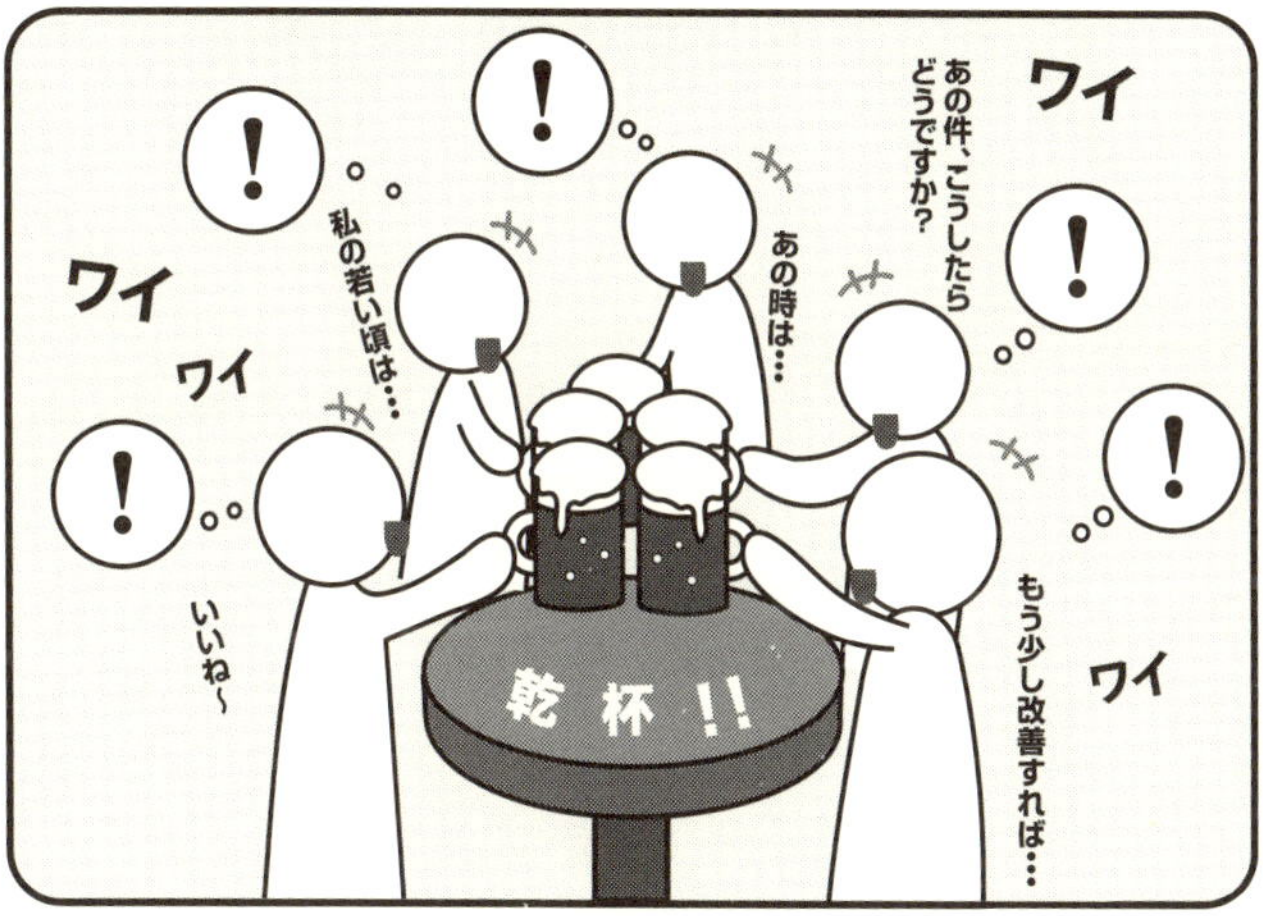
ワイ
あの件、こうしたらどうですか?
あの時は…
私の若い頃は…
ワイ
ワイ
もう少し改善すれば…
ワイ
いいね~
乾杯!!

飲みニケーションってどんなもの？

ここでは具体的に飲みニケーションで得られる効果をお話ししたいと思います。

一緒に飲み食いしながら聞く、**上司のウンチクというのは、実は仕事力をアップさせるエッセンスが満載**のこともあるのです。

それがたとえ上司の自慢話であっても、失敗話であっても、成功体験・失敗体験として聞けば、どこにも売らていない知恵を伝授されているということになります。

そんな貴重なお宝を聞かせてもらっている場というのは、**かけがえのないケース・スタディ研修のようなもの**です。

さて、この飲みニケーションの場が少なくなってきているというのは、言い換えれば、日本全国の会社で、貴重な仕事力のウラ技伝承の機会が急速に失われている危機ではないかとも、私は感じております。

必要な「伝承」を受け取れずに、若手社員が仕事の困難さに立ち向かっているという事態は、現代のひとつの真理として否定できません。そりゃ、苦戦しますね。先人の知恵を取り入れないでの孤独な戦いですもの。インターネットでは入手できない知恵です。この知恵を入手することなく、ひょっとしたら、しなくても良い失敗を重ねているのかもしれません。

オフィシャルな場で、オフィシャルな立場では言いにくいことが、会社社会の中では、結構たくさんあるのです。

でも、会社社会の中には、珠玉の知恵はころがっているのです。

あなたの周りには、その知恵を知っている先輩がいるのです。

これを活用しない手はありません。

活きた知恵はあなたの周りに転がっている。あなたが、自ら一歩、歩みでてその知恵を取りに行くことです。素直に教えを請う若者には、先輩・上司諸氏は優しいものです。

「先輩、ちょっと教えてもらえますか？」

「先輩、こんなこと知っていますか？」

タバコの1箱、缶ジュースの1本でも持って、または飲み会でお酌のビールでも持って、積極的に接近コンタクトしてみてください。意外なお宝情報に触れることができますよ。

上司を助けてあげられるのが優秀な人材

会社組織の中では、その中の各部門が所定の期間で、目標を達成することを常に求められています。チームリーダーであるあなたの上司は目標の達成、つまりは成果を出すことに追われています。

そういう状況ですから、すべてのチームメンバーにリーダーがきめ細かくかかわっている余裕はあまりないのが実情でもあります。もちろん、チームリーダーとしては、そこは努力しないといけないところなのですが、なかなか大変なところです。受身スタイルのメンバーであると、リーダーとの接点はあまり取れないことになるでしょう。意思疎通が十分にできませんので、ここからトラブルの種が生まれます。

片や、受身ではなく、主体的、積極的にリーダーに働きかけてくれるメンバー。

こういうメンバーであれば、リーダーは非常に接点を持ちやすくなります。意思疎通もできます。

リーダーはメンバーに話をしながら、メンバーからも意見を聞きながら、チームの知恵を結集して仕事を進めることができます。

この行動が、上司を大いに助けるのです。上司が経営と現場をつないで、現場の仕事を進めることを実現するのです。

あまり評価、評価と言いたくはないのですが、あなたの直属の上司は、あなたの人事考課の一次評価者であることでしょう。評価者の上司にとってみれば、いちばん評価するのは、なんと言っても自分（＝自分が担っているチーム）を一番助けてくれた人なのです。この人がいなかったら、この大きな大事な仕事が仕上がらなかったというところが、いちばんの評価ポイントなのです。

この本で学んだことを実践していくあなたは、いつの間にか、上司を助ける存在になっていくのです。いつの日か「上司の片腕」なんて言われているかもしれません。

どうぞ、あなたの行動で上司の方々を助けてあげてください。

上司の方々も心の中では、あなたの力を欲していることでしょう。

くれたからです。

私は彼らの話を聞き、時間をかけながらも、地道に体得していくことができました。

「自分をモデルチェンジしたい」と考えられるあなたの未来は、とても明るいと思います。

たしかにコミュニケーションに終わりはありません。いくらテクニックを用いても難しさを感じることは多々あるでしょう。

しかし、「想い」を伝えることをあきらめないでください。あなた自身の「想い」を言葉に変えて、相手に分かってもらえるまで伝えていきましょう。

本書を読まれたことで、少しでも仕事を楽しいと感じるあなたがいたら、著者としてこれほど嬉しいことはありません。

今まであきらめかけて来た「あの件」「この件」を、「よし、いっちょ、上司に話してみるか」という気持ちになっているあなたがいたら、これまた最高です！

加えて、あなたのビジネスライフがより良くなることを、心より祈っております。

最後まで読んでいただき、本当にありがとうございました。

また、この本は多くの方のお力添えがあって、世に出ました。

本とは、人と人のふれあいの産物なのだ、ということを深く感じた執筆活動となりました。

お世話になったすべてのみなさまに、改めて厚く感謝申し上げます。

ありがとうございました。

門脇竜一

２００８年　秋

【著者紹介】

門脇竜一（かどわき・りゅういち）

有限会社クリアマイン代表取締役／組織＆人材開発コンサルタント。

1963年兵庫県生まれの奈良育ち。関西大学経済学部卒業。

自動車、産業機械、外食、化学の4業界を渡り歩き、15年あまり企業人として過ごす。経験した職種は、情報システム開発、営業（消費財・生産財）、販売促進、採用、教育、総務、人事企画と多岐に渡る。この経験を活かし、現在は、組織＆人材開発コンサルタントとして、組織（チーム）と社員の活性化のために日本全国を飛び回っている。これまで北海道から沖縄まで出会ったビジネスパースンは10,000人超。新入社員から中堅社員、管理者から経営者まで、様々な階層の人々の悩みを理解し、その解決に日夜奮闘努力している温厚なるも熱い男である。

著書に『管理者になった人が最初に読む本』、『デキる社長は持っている社員の声を「聞く力」』（ともに総合法令出版）がある。

【有限会社クリアマイン　ウェブサイト】
→ http://www.clearmine.com/

【宝塚サラリーマン道場】
——若手サラリーマンへ向けた、
夢をかなえる仕事術をブログでご紹介！
→ http://clearmine.exblog.jp/

言いたいことが伝わる話し方のコツ

2009年2月5日　初版発行

著　者　門脇竜一
発行者　野村直克
発行所　総合法令出版株式会社
〒107-0052　東京都港区赤坂1-9-15
日本自転車会館2号館7階
電話　03-3584-9821(代)
振替　00140-0-69059
営業担当　古森　綾
組版　横内俊彦
印刷・製本　中央精版印刷株式会社

ISBN978-4-86280-122-7